U0073707

素質教養權威 **王擎天** 博士◎編

法律顧問專家 **蔡家豪** 律

真心推薦 素質教養專家
林悠餘老師 王瀞儀

為什麼我有兩個家？

陪孩子走過父母離婚的傷心路

I Don't want to have
Two Families.

序

由於家庭結構的改變，昔日大家庭的景象已不復存在，不過，許多父母卻因為工作繁忙，缺乏時間與孩子相處，導致孩子的心理發展不健全，再加上單親家庭的比率逐年攀升，由此可知，未來單親家庭的人數將會逐漸增加。

造成單親家庭的原因包括未婚的父母、父母分居、離婚或父母其中一方死亡等因素，而本書主要探討的是父母離婚以及分居的案例。

根據研究顯示，在父母分居或離婚的過程中，即使雙方取得協議和平分手，對於孩子的心靈發展，還是會產生莫大影響。若是離婚的父母對於自身的心理建設尚未調適完全，甚至對子女的去處毫無規劃，父母雙方與子女勢必都需要經歷一段療傷期，來平復受創的心靈。

首先，婚姻褪色後的父母，必須正視孩子可能出現的任何反應，因為父母離婚的衝擊將超過孩子心靈能夠負荷的範圍，或許會導致孩子陷入人格發展失調以及行為偏差等現象。但是許多父母只顧著與配偶的衝突，卻沒有顧及孩子內心的痛苦，造成許多離異家庭的孩子，帶著這些錯誤的想法及疑惑長大。

本書希望能夠給予正在討論分居或離婚父母一些實質幫助。在第一、二章會討論到居住地，或是父母離婚後仍然同住的問題，以及父母一方搬離後，該如何維持聯繫。

在第三章將探討父母雙方該如何共同克服困難，像是面對孩子各種不同的反應及態度等問題。而第四章將帶領父母進入家事法庭，認識與子女利益息息相關的監護權與教養問題。

第五至七章中，父母可以從中得知，分居或離婚後，該如何安排時間，或是當父母其中一方有了新的歸宿，如何處理孩子變更姓氏的問題，以及收養孩子的意願與結果，都會在這三個章節中提出討論。

在第八章，則會將一至七章的內容總結，綜合性的闡述分居與離婚時，最重要的基本原則，以提供讀者參考。

筆者期望所有的離異家庭都能正視孩子的心靈健康、調適親子關係，讓彼此知道，即使父母離婚了，仍然是一家人，孩子依舊擁有父母完整的愛。

素質教養權威

帶父母走出分居／離婚的誤區

以下這30個選項，哪些符合你（妳）的狀況呢？也許你（妳）在分居或離婚的過程中忽略了許多事，但在這些看似平凡的日常小事裡，其實潛藏著影響孩子一生的重要關鍵。這裡的每個選項，都代表著危機和警訊，而父母不正確的作法和觀念，將會導致孩子身心無法彌補的傷害。

在分居或離婚的過程中，在孩子的面前，你（妳）是否曾經……

□ 對另一半惡言相向或拳打腳踢。

□ 不斷看輕、貶低另一半，將對方說成畜生、瘋子等。

□ 對孩子說：「這一切都是你爸爸（媽媽）的錯，要不是他（她），我們也不會變成這樣！」等等的話，希望孩子和你（妳）站在同一陣線、同仇敵愾。

□ 對孩子說出：「我不想活了！」這類的話，或真的有傷害自己的舉動或念頭。

□ 雙方找自己的親朋好友過來「助陣」，和另一半的親友團形成彼此指責、無法溝通的局面。

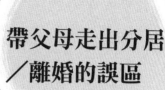

□對另一半說：「孩子是我的，你（妳）休想帶走！以後也別想見到他們！」

□希望孩子選邊站，並且問他：「你要選爸爸還是媽媽？」

□對另一半說：「我要兒子！」或「我要女兒！」沒有顧及其他孩子的感受。

□覺得孩子太小不會懂，或怕傷害到孩子，於是隱瞞孩子分居或離婚的事，或從未向孩子解釋過為什麼爸媽會離婚。

□在孩子對父母之間的狀況提出疑問時，覺得不知道該怎麼回答或避重就輕，告訴孩子：「不要問那麼多，你長大就知道了。」

在分居或離婚後，你（妳）是否曾經……

□只告訴孩子：「我們要搬走了！」卻沒有和孩子討論過關於分居、離婚後，孩子想住哪裡、想跟誰住。

□擔心孩子被搶走，或討厭另一半，而禁止或不希望孩子和另一半見面。

□認為另一半：「以前從來沒有照顧過孩子，現在只在假日看看孩子，就想當個好爸爸（媽媽）？」而對另一半冷嘲熱諷。

□告訴孩子：「我們一起出去玩。」就在沒有告知另一半的情況下，將孩子悄悄帶走。

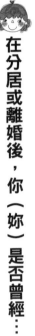

□跟孩子說：「你去跟爸爸說…」或「你去跟媽媽說…」把孩子當成傳聲筒。

□要孩子報告另一半的情況，比如：「你跟爸爸（媽媽）今天去哪裡？只有你們去嗎？有沒有其他人？爸爸（媽媽）有跟你說什麼嗎？……」

□藉由孩子的爺爺奶奶、外公外婆或與孩子較親近的人去告訴孩子：「你的爸爸（媽媽）真的很壞……」

□探視孩子時，因為不想和另一半見面，在接送時，將孩子丟下就走。

□探視孩子時，因為不想和孩子分開，在沒有經過另一半的同意，想說晚一點送孩子回去也沒關係。

□因為另一半再婚而感到傷心或憤怒，因此，在沒有詢問過孩子意見的情況下，決定將孩子的監護權「搶」回來。

打算再婚或再婚後，你（妳）是否…

□只希望能藉此完全忘卻上一段婚姻的傷痛，而選擇再婚。

□只是知會孩子，沒有詢問過孩子的意願或和孩子溝通。

□要求孩子和父親（母親）見面時，不可以告訴繼父（繼母），否則繼父（繼母）將會不喜歡他們。

□為了怕孩子被嘲弄，或為了掩飾再婚，或孩子來自於單親家庭的事實，而希望能幫孩子改成繼父的姓。

□為了讓孩子與親生父親劃清界限，而打算收養孩子。

在分居或離婚的過程中或之後，你（妳）的孩子是否曾經……

□厭食。

□失眠或嗜睡。

□咬指甲或撕指甲。

□故意到處大小便。

□明顯的憤怒或沮喪。

□攻擊小動物或其他人。

□無故地強烈抗拒或憎恨父母。

□出現尿床的症狀，或比率增加。

□出現被害妄想症或極度沒有安全感。

□傷害自己，例如：咬傷自己的手臂或嘴唇。

□緊緊守著父母，害怕爸爸、媽媽隨時會離開他們。

□ 得知父母分居或離婚的事實時，沒有任何反應。

□ 爸爸或媽媽要來探視前，孩子情緒變得極度不穩定。

□ 孩子反過來照顧爸爸、媽媽，並負起本來是家長的責任。

□ 在父母面前突然一反常態，變得非常乖巧，並刻意討好父母。

親愛的爸媽們，當婚姻已經走到盡頭，請翻開這本書，筆者將從家庭危機開始，到正式分居或離婚後，針對每個階段，告訴你（妳）在分居或離婚的過程中，如何做出適當且對孩子有益的選擇，將分居或離婚對孩子的傷害減至最低。

序

為什麼爸爸、媽媽每天都在吵架？

為什麼爸爸、媽媽不住在一起了？

當爸爸／媽媽離開後，家裡好混亂！

為什麼我不能決定要和爸爸／媽媽住？

爸爸／媽媽，還會回來看我嗎？

爸爸／媽媽分居或離婚，我還是我嗎？

我沒有做壞事，為什麼要上法庭？

當彼此的愛出現裂痕，父母該怎麼做？

Part 1

為什麼爸爸、媽媽每天都在吵架？

我希望有一個和樂的家庭

傷心案例

慧琳（十三歲）、慧安（十一歲）以及慧嫻（九歲）的父母離婚了。在婚姻觸礁後數年，父親在距離原住所不遠處找到一間小套房。父母親為了滿足孩子們的願望，答應他們一個禮拜與父親同住，一個禮拜與母親同住。放暑假時，每三個禮拜與父親或母親交替著相處。因為孩子們經歷過母親自殺未遂一事，也明白母親必須在精神療養院休養。所以，她們希望能與父親相處久一點。

由於夫妻雙方對於孩子未來居住地的看法，始終無法達成共識，最終只好訴諸法律途徑。法庭給予兩人一份心理調查評鑑書，並且想進一步了解：為了子女的最佳利益著想，孩子們未來是與父親，還是與母親同住較為理想？在評鑑項目進行過程，先由慧琳開始自我介紹：她希望自己能以皇后的身分對其他人發號施令，而且命令必須徹底執行。慧琳寫道：「我希望有一個和樂的家庭，這樣我就不用再上法庭了。」同時，慧安也鼓起勇氣寫道：「爸媽不能在一起，讓我覺得很煩。」「我試著平息所有的紛爭。」慧嫻此時也以皇后的身分下達指令，她說：「我要爹地跟媽咪不再有任何爭吵！」並且在填充式問答題回答：「我試著做好所有的事。」「我討厭死亡、爭執。」

當婚姻出現危機，常見的狀況

由前面的傷心案例可以觀察到，三個孩子都希望她們的父母親能停止這場長期的爭吵。此外，她們也嘗試當個「和平小天使」，努力為父母親搭起愛的橋樑（慧嫻在她以皇后的身分幻想中，明確地表達出這個想法，她說道：「身為皇后，我要為爸媽搭起愛的橋樑。」）

在一個健全的家庭中，當父母考慮離異時，往往意味著家庭危機的到來。而危機首先會發生在夫妻關係上。

舉例來說，當夫妻一方認識他人，並且想進一步與其交往，因此興起和另一半分手的念頭。此念頭一出現，往往讓另一半毫無招架之力。

被「背叛」的一方，在極度氣憤、震驚或是充滿報復的意念下，往往會產生暈眩，或是一時話說不上來的感受，此時，他或許會極力爭取、挽回對方的心；也或許見大勢已去，便要求對方即刻遷出；或許自己悄悄地搬離住處，甚至連孩子都一起帶走。

若是孩子正巧目睹父母一方離家的畫面，他們通常會感到驚愕與無助，並且出現被欺騙的感覺。而被離棄的父母一方所承受的震撼力，同樣也強烈地影響著他們。

假如事隔多年之後，父母親仍處於分居狀態，彼此之間很少往來，也沒有任何肉體上的接觸，只單就孩子的撫養問題，那麼這種情況就另當別論。

如果父母親是在沒有任何留戀的狀態下，最後走上離異之途，雙方通常已經有心理準備，因此，較能以冷靜、理性的態度去面對即將發生的結果。

在婚姻關係中，當一方發生了背叛的行為時，經常會有以下發展：倘若被「背叛」的一方，希望挽救並繼續維持夫妻關係，而孩子的年紀能夠理解父母的離異，那麼就該讓孩子知道事情的始末。通常孩子會毫不考慮地站在將被離棄的父母一方，要求背叛者給予承諾，並且希望能夠回到平靜的家庭生活，盡可能地避免擴大潛在的裂痕，若不幸裂痕已經存在，也希望能填補、癒合它。

父母必須正確處理岌岌可危的婚姻

父母如何面對及處理夫妻關係的危機，或是父母是否持續對對方施予精神上的虐待（或是肢體上的衝突）等，這些情況往往會造成孩子非常負面的影響。假如父母之間出現肢體上的毆打，或是藉由言語上的辱罵進行人身攻擊，等於是給予孩子間接的精神虐待。

愛雙親的孩子時常被迫在一旁觀看父親或母親（或父母雙方）如何「擊垮對方」，例如：父母在爭吵的過程中，會看輕、貶低對方為一個不值得人愛的「畜生」等。對於幼稚園、小學到青春期階段的孩童來說，這種聽覺所受到的折磨將是永遠的心靈傷痕。

當一方背叛的父母沒有立即回心轉意，另一方可能會以自殺作為威脅，假如孩子正好目睹一切，他們甚至會成為自殺未遂事件裡，最直接的目擊證人，相關事件在孩子（年齡達幼稚園以上）心中，將形成一種焦慮性的恐慌。就像是傷心案例中，母親的自殺舉動，導致三姊妹害怕再度目擊同樣的事件，卻又無法遺棄母親的矛盾心態。

而在多數情況下，孩子都不願意曾以自殺作為威脅手段的父親（母親）離去，也不願意離開他（她）的身邊（無論孩子是出於有意識或者無意識的行為）。

夫妻關係拉警報時，雙方通常只從自己家人，也就是己方父母或是至親家屬（即孩子的姑姨或叔伯舅等人）身上取得建議，而未能與對方的父母及親朋好友溝通、交換意見或尋求協助。他們通常以迅雷不及掩耳的速度各自組合起來，連成一氣，相互對峙。如此一來，當父母離異後，孩子或許失去的不只是父親或母親而已，更有可能同時失去親戚與朋友。

一般來說，孩子不是造成夫妻關係緊張的原因，反而是傷痛的承受者。

假如夫妻衝突不是閃電式的，而是潛藏已久的危機，其中必定興起多次分離的念頭，只是最後仍以妥協收場，在商討的過程中，他們不斷地分分合合，周而復始，直到真正離婚。若是夫妻雙方對彼此依舊存在著留戀，並且呈現愛恨交織的狀態，想分開卻又一而再、再而三地回到對方的身邊。在這種情況下，兩人若要下定決心分道揚鑣，就只能藉由第三人的協助。

最典型的例子就是，父（母親）在**親子健康諮詢**中，經過輔導後不再返回諮詢。

貼心補給站

親子健康諮詢：指針對在健康、壓力舒緩、營養資訊，或是孩童教育等問題上有困難的父（母）親與子女所舉辦的醫療課程。因為當父（母）親身心壓力過大，孩子的健康自然也會亮起紅燈。

在親子健康諮詢的課程裡，可以透過專業人士的協助，讓父（母）親在生活負擔過重，及身心疾病等方面的困擾中找到出路。

如果緊張的夫妻關係中透露些許的離婚意願，則建議父母親接受有權威的第三人協助，像是心理、教育或家庭事務等諮詢中心或是調解人等。這些機構不論是為了幫助改善夫妻關係而提供諮詢，或是以雙方均可接受的方式，進行離婚方面的諮詢，均能給予瀕臨瓦解的婚姻相當大的協助。

若是雙方對於離婚的想法一致，卻出現經濟以及法律上極大的困難時，則建議尋求**離婚調解**的協助，而離婚調解人必須受過心理學與法律方面的訓練，並且具有良好的專業知識，才能提供夫妻適當的協助。

貼心補給站

離婚調解：指以協助當事人正確處理離婚糾紛為宗旨而進行的調解，就調解的內容而言，可分為調和與調離，在實務中，一般都以調和為側重點，而調解應當遵循當事人自願，不得強迫當事人接受調解。

在探討分居或是離婚的階段裡，父母親一定要注意的是，不要在孩子面前相互詆毀對方，否則將會影響孩子與父母雙方間的基本良好關係。這就是所謂的「給予良好行為之模範」以及「准許聯繫之寬容心」，換句話說，父母必須具備允許孩子與另一方聯繫的寬容心，同時必須明白地讓孩子知道，與父母另一方保持良好關係的重要性，此時，父母雙方不僅要有耐心，還要有強烈的意願，以支持、重視的態度，讓孩子與父母雙方都能夠維持良好的關係。

是不是因為我不乖？

傷心案例

父母離異時，十二歲的心玲，開始出現尿床、隨地排泄、扯裂指甲等行爲來發洩情緒。當時父母之間的關係已經惡劣到無法挽救的地步，兩人甚至不再與彼此說話。大她兩歲的姊姊，在父母離異後，不再去探望她的父親。而心玲與姊姊不同，她堅持與父親繼續保持往來。然而，不論是心玲或是姊姊，她們在學校的成績都明顯退步，因此，母親不免對心玲探望父親一事產生質疑的態度。

此時，心玲在忠誠度上產生強烈的衝突，她對姊姊以及母親大動肝火，卻對探望父親的事情不發一語，她在無意識的狀況下，表露出對姊姊和母親的攻擊性行爲，由於症狀相當明顯，所以心玲必須馬上接受心理治療，她也嘗試透過心理治療的協助，緩和父母雙方在她心中形成的拉鋸戰。

雖然心玲希望可以經常與父親接觸，但她又害怕母親會與她斷絕關係。心理專家建議：爲了減輕心玲的痛苦，試著讓她長時間與父親同住。此外，假如父母希望減少她在忠誠度上的衝突，應該給她些許肯定，而母親也不能因爲這件事與心玲斷絕關係。

關注孩子的內心感受

如前面的傷心案例所述，孩子對父母分居或離異的反應，不論是具威脅性的分居情況，或是已成定局的離婚關係，除了父母的態度以外，皆與以下幾項要素有關：首先，是孩子的年齡，以及孩子對事情的理解力；其次，孩子是獨生子女，或是有（能作為人生指引的）哥哥姊姊；最後，則是到目前為止，孩子與父親或母親的關係密切度，當事者（即父母親）對孩子，有哪些責任，以及孩子對父母雙方，扮演支援輔助的責任。

當孩子不知道父母離異的真正問題時，他們會將父母離異的罪責加諸自己，認為是他們不夠乖巧聽話，因此，他們願意在往後的日子裡乖巧且循規蹈矩。他們試著為父母找出平衡點，並且希望父母任何一方都不會在這場孩子的爭奪戰裡吃虧。舉例來說，孩子可能會在父母即將離婚之際提出這種建議：三天半的時間跟爸爸住，三天半的時間跟媽媽住。或者，如果家中有兩個小孩的話，他們可能會自行「劃分為二」，一個跟爸爸，一個跟媽媽，如此一來，父母沒有一方會形單影隻，孑然一身。

父母分居或離異後，大多數的孩子，都會將感受到的負面情緒，以不同方式表現出來，如：抗拒、哀傷、攻擊或是學業退步等情形。而有不少孩子，會再度回到人格發展的初期階段，變得更加依賴、愛尿床或者使用嬰兒時期的語言等，像是傷心案例中的心玲就是如此。值得注意的是，孩子的年紀越小，這種「受心理或精神影響所引起」的反應就越頻繁。

若是父母離了婚，而一家人仍住在同個屋簷下，孩子通常會強烈地感受到父母之間的高度緊張情緒。

除了尿床之外，以下幾項也是受到心理或精神影響而引起的障礙：睡眠障礙（包括入睡及沉睡障礙）、飲食障礙、恣意地隨處排泄，以及被害妄想與恐懼感等。假如孩子在父母親探視時，發現父母之間的隔閡越來越深，那麼他們受到心理或精神影響的反應便會增強，甚至會發展為「探視權症候群」，這種病症將在第三章裡做詳盡的論述。

假如父母雙方與孩子的互動頻繁且關係良好，而且，夫妻倆對孩子的撫育均能給予最大的資助，在這種情況下，當父母分居或離異時，孩子很可能會出現極度害怕失去父母的恐懼感，尤其是父母其中一方在正式離婚後，隨即與另一方斷絕往來，甚至不知去向、無法取得聯繫時，孩子的恐懼感更會隨之加深。

相反的，假如一個家庭因父親時常洽公外出工作數週，甚至數個月，或是長年在國外工作，必須面臨離別，那麼孩子會盡可能地適應這段沒有父親陪伴的時間，再加上與父親直接接觸的機會變得較少，所以，孩子在父母正式離婚後所遭受的震撼，會明顯減少許多。

就學初期階段的孩子，為了阻止家庭因分居或離婚而支離破碎，或是擔心生病的父母一方的精神或身體狀態每況愈下，往往會反過來代替父親或母親的角色，承擔原本應由父母親對子女負起的照顧及輔助的責任。此時，孩子必須扮演自己能力不及、無法勝任的角色，這正是所謂的「代理母職」：孩子反過來照顧需要被照顧的雙親。不過，角色應該互換才是，畢竟父母親的責任就是照顧其子女，然而，經歷離婚過程的父母因為此刻陷入困境，所以也不能算是失職。

筆者提供以下的案例，或許能做為父母與孩子角色互換，以及孩子承擔救助父母一方責任的例子：

一位母親，在長期躊躇之後，終於決定離開她的酒鬼老公，但是她的老公，終究還是沒有意願接受戒酒治療。十二歲的女兒或十一歲的兒子，因希望照顧父親，不讓他一而再、再而三地受到酒精的控制，為了禁止他喝酒，便堅決與父親同住。

這種情況對孩子而言，等於「代理母職」的角色，無疑超過其能力所及之範圍。而孩子在父母分居或離異時，擔任此「支援輔助的責任」，人生的歷練因而「連跳三級」。也就是說，他們好比小大人般，顯得比同年齡的孩子更加老成、懂事。相形之下，與正值父母分居或離異時，成長發展明顯倒退的孩子，形成強烈對比。

實際上，還有第三種較為罕見，也可能出現的反應：這類孩子並沒有表現出任何異狀。從外界來看，他們的態度顯得格外冷靜，也沒有出現什麼令人擔心的模樣。然而，當孩子出現這種症狀並不表示他們沒有感覺，而是因為他們對於父母之間的爭吵早已麻木不仁，失去任何感受力，導致他在無形中壓抑自己的情緒卻不自知。

這些沉默的孩子多半已身陷困頓，並且亟需心理治療師的援助。他們隱藏自己的情緒，而他們的父母親，也因為內疚進而折磨自己，家長表面上往往強顏歡笑，宛如一切都沒有發生似的。這種情況經常會發生在出於羞愧或無助感，認為家醜不可外揚的家庭類型。

此外，當孩子遭逢父母閃電離異的痛苦時，他們會表現出憤怒的情緒與侵略性，可能是針對父母一方或父母雙方，但也可能是針對自己。於是，孩子的個性變得越來越偏激，開始違抗父母、表露出無意識的攻擊行為、撕裂指甲、不斷地咬指甲或出現嚴重的疾病症狀，例如：厭食症及無法從沮喪中跳脫出來等障礙。

不過，憤恨與絕望，也可能在家庭之外，表現在「其他戰場」，像是學校裡。此時的孩子往往會出現違反社會規範的舉動，像是毆打其他小朋友、學校成績一落千丈、與老師關係破裂、**逃家或是誤入歧途**。

貼心補給站

逃家或是誤入歧途：這些現象，尤其最常發生在青春期階段的孩子身上。他們可能會冒著風險，提早開始抽菸、喝酒或吸食毒品等，因此父母必須特別注意。

不過，若是受父母離異之苦的孩子已經有了知心好友，他們會向好友傾訴，道出這些棘手的家庭狀況以抒解壓力、減輕心理負擔。或是在家庭裡，有一個以上的孩子共同面臨父母離異之事，則有可能出現相互扶持的現象。

然而，假如父母雙方與孩子間建立了凝聚力，則可能會出現各自支持一方，或孩子之間相互競爭的場面，或許會出現與爸爸比較親近的孩子，就「跟爸爸一國」；與媽媽比較親近的，則「跟媽媽一國」的景象。

年紀越小、對父母依賴心越強的孩子，在離異的悲劇中，越容易被迫和父母做出類似的反應，因此，父母往往會將自己的情緒、想法及態度轉移到孩子身上，換句話說，家長的絕望、憤恨以及報復之心，將直接投射到孩子的恐懼及感受上。

當父母雙方分別給予孩子截然不同的訊息時，將迫使孩子陷入一個不知該選擇認同父親或母親的局面。許多正值分居或離異的父母認為，孩子應該具備建立自我觀點的能力，然而，他們卻沒想過，孩子在青春期以前，甚至到青春期階段，仍然無法獨立思考的事實。一般來說，孩子最渴望的，無非是父母之間的爭吵能停止，而爸爸、媽媽能夠和好如初，再回到從前幸福美滿的家庭生活。

離婚法律一點通

Q1 分居或離婚後，孩子的扶養費用應該由誰負責呢？

蔡家豪律師：

孩子的扶養費用，不論是分居或離婚，父母各自皆需負擔二分之一，如果有一方已先行支付，則可向他方求取該筆費用的二分之一。

參考法條：

民法 第1114條	左列親屬，互負扶養之義務： 一、直系血親相互間。 二、夫妻之一方與他方之父母同居者，其相互間。 三、兄弟姊妹相互間。 四、家長家屬相互間。

民法　第1115條

負扶養義務者有數人時，應依左列順序定其履行義務之人：

一、直系血親卑親屬。
二、直系血親尊親屬。
三、家長。
四、兄弟姊妹。
五、家屬。
六、子婦、女婿。
七、夫妻之父母。

同係直系尊親屬或直系卑親屬者，以親等近者為先。

負扶養義務者有數人而其親等同一時，應各依其經濟能力，分擔義務。

民法　第1116-2條

父母對於未成年子女之扶養義務，不因結婚經撤銷或離婚而受影響。

如果父母皆有工作，且收入相等，大致上就是一人分攤一半，以薪資比例來負擔。

陪孩子走過父母離婚的傷心路

當一個完整家庭轉換為單親家庭，父母該如何調適自己的心情、並且在離婚過程中，和孩子擁有良好的互動，以及如何用正確的態度面對孩子，都將影響孩子的心靈成長。

Part 2

為什麼爸爸、媽媽不住在一起了？

爸爸、媽媽不要分居，好不好？

傷心案例

由於建宇（八歲）的爸媽是藉由相親而促成的婚姻，而兩人在彼此都還不熟悉的情況下，就結婚了，導致夫妻的磨合期很長，經常吵架。

建宇的母親爲了與先生保持距離，強迫先生立刻搬出去住。母親告訴兒子：「建宇，你也看到了，爸爸跟媽媽常常吵架，所以我要求爸爸暫時不要住在這裡，不過，你隨時都可以去見他。」

此時，建宇卻沉默不語，沒有作出任何反應，也不敢詢問事情將會如何發展下去。但他知道，媽媽把家裡的鑰匙扔給爸爸，並且以命令的語氣要他立刻搬出去。

爸爸被媽媽趕出去之後，建宇失去與爸爸聯絡的機會，完全沒有他的消息，他不知道爸爸對於搬出去有什麼想法。此外，建宇認爲爸爸一定是因爲不愛他，所以才會選擇不告而別，這件事情始終讓他耿耿於懷。

因此，建宇一直不斷懊悔著：當初要是他跟爸爸一起搬出去，就可以知道爸爸的感受，也不會無法得知他的下落。

分居前的重要問題

根據前面的傷心案例，由於母親一句突如其來的「給我滾出去」，以及父親的不告而別，建宇的心裡必定會認為：爸爸也許已經不愛他了。假如父母當時能夠一起把分居的決定告訴建宇，事情的發展或許會不一樣。

有鑑於此，父母雙方在分居前，在一些問題上，必須達成共識：

- **這只是一次短暫的分離，目的是給彼此幾天或幾週的時間保持距離，以沉澱心境，或者未來還是可能會離婚？**
- **即將離開家園的父母一方，是否已經有了共組家庭的新對象？**
- **除了孩子以外，還有誰該得知此事？孩子該如何或何時得知此事？**
- **即將離開家庭的父母一方未來探視孩子的問題：**

1. 離婚後的父母一方與孩子間的往來，應該是在離開家庭的家長新住處，還是在原住處進行呢？
2. 若是父母一方回來原住處探視孩子時，留在原住處之一方也剛好在場的時候，這種探視方式可行嗎？
3. 留在原住處之一方是否該在對方回來探視孩子之際，離開住處一段時間呢？

以上這些問題的答案只能由當事人自己去尋找。但是父母應該以中立且正面的態度與孩子談論此事，並且讓孩子知道一切關於分居的訊息，才不會讓孩子有被父母遺棄的感覺，進而影響其心理健康。此外，若是父母分居一事尚未確定，孩子應該明確地知道此事，避免造成孩子無謂的恐懼感。

假如家長在分居期間欺騙了年紀稍長且逐漸具備獨立思考能力的孩子，例如：妻子告訴丈夫，她要帶孩子回娘家度假一、兩週，結果卻是到她的男友家。她必須考慮到，孩子以後可能會把這件事告訴他們的父親。

而關於孩子應該與誰同住的問題，一般來說，有以下兩種狀況：

1.只有父母一方可以全心全意照顧孩子，而另一方必須如往常般工作，那麼孩子在父母分居後該與誰同住的問題，其實答案一目了然。

2.如果父母雙方工作性質相仿，更換孩子的住處後，卻沒有更換幼稚園或學校，這麼一來，將會產生許多問題，尤其是當孩子與父母雙方的感情同樣親密，而且從沒想過父母分居後該選擇哪一方時，所產生的問題會更加嚴重。

然而，這類問題在離婚案件中，約有四分之三可以獲得解決。

另外，假如父母雙方認為，分居已是既定的事實，最終必定以離婚的結局收場，通常也會出現財務上的相關問題。離婚後，擁有孩子監護權的家長有權取得另一方的經濟支助，而這一點通常會在離婚協議書中有明確的規定。

以夫妻一方出軌為例，得知伴侶有了新歡而感到相當震驚的一方，第一個反應往往會以威脅的口吻說：「孩子是我的，你休想得到他（們）！」以此來報復對方的變心。

從內心受創者的角度來看，前述的說詞或許通情達理。

不過，孩子並不是沒有人身自由的物品，父母沒有任何權力要求孩子在分居後，只能專屬於他。就像以往多數的母親認為「孩子是我生的，所以永遠都屬於我！」的論調，早已不被現今社會及法律認同，而且在過去的二、三十年中，年紀較小的孩子也只有在極少數的情況下，才會判給母親。

假如夫妻分居的決定讓父母其中一方毫無招架之力，為了避免出現情緒失控或反應過度而掉入「痛苦深淵」，此時另一方應接受對方尋求親密朋友的支持，如此一來，也能避免夫妻雙方的感情更加惡化，而使孩子陷入極度恐懼與困頓的局面。

不知道是否該告訴孩子真相

幾歲以上的孩子應得知父母分居一事，以及該如何讓孩子知道？這兩個問題，應視孩子的成長狀況而定。

一般而言，孩子的年齡達到幼稚園以上，就具備得知父母即將分居的權利，而最佳的告知方式，應由父母雙方在家常性的談話中談論此事。

舉例來說，父母可以和孩子解釋，爸爸、媽媽之間處得相當不愉快，也時常發生口角，為了平息兩人的爭吵，所以希望暫時分開一段時間。但爸爸、媽媽還是會盡可能地回家看孩子，或者孩子也可以去看爸爸、媽媽。

若是父母在告知孩子分居一事之前，對於應該由誰接下撫育及照顧孩子的責任達成共識，並且決定何處是孩子的未來住處，對於年紀較小的孩子而言，較有益處。

假如父親（母親）離開了孩子，而孩子卻不知道他（她）身在何處，或是，留在原住處的父母一方完全都沒有告知孩子，通常會對他造成負面的影響，甚至會因此變得憂鬱、自卑。

當父親（母親）想遺棄孩子，或沒有通知孩子便悄悄地搬離住所前，必須考慮到，此時孩子的內心，必定萌生某些感受，認為拋家棄子的父母一方已經不再愛他。對於這些心靈受傷的孩子而言，除了與留在原住處的父親（母親）團結一致之外，實在別無他法。

基本上，父母分居一事，是促使孩子心靈沉重的負擔。然而，在分居的過程中，父母雙方都能將此事處理得相當完善，或者避免將具有殺傷力的威脅直接聳立在彼此面前（比方說：「我要把你毀了，或你休想再見到孩子一面」等話），分居或離婚在孩子身上所形成的負擔與問題，反而較容易迎刃而解。

孩子對於父母離婚的反應

孩子通常會不斷地詢問父母相關的問題，有時甚至問些令人不悅的問題，其實，孩子只是想知道父母離婚的真相，而這也和孩子的年齡與本性有關。

但是，當孩子詢問相關問題時，父母不該給予不適當的回答，以免增加孩子理解事實的困難度，同時也不該在孩子面前貶低另一方的人格，或讓孩子察覺到父母的憤恨、絕望以及侵略之心。

倘若父母只是短暫分居幾天而已，可以不需要對年紀還小的孩子說得太過詳細，也沒有必要重複提及短暫性的離別。

一般來說，父母都很疼愛，並且了解孩子，應該能夠觀察孩子該以什麼方式得知此事，以及孩子該知道些什麼。而某些孩子的心思較為細膩，很快就能察覺家裡的氣氛不如以往，而且他們感受到的不只有事情本身，還有家中氛圍、父母說話的語氣以及情緒狀態等，與那些投射到自己身上的事。

一份針對兒童暨青少年精神科的孩童，所進行的監護權評鑑分析報告指出：僅約半數的孩子，父母曾向他們提及即將分居一事；而足足有三分之一的孩子從未與父母討論過此話題；其餘的孩子們，在選擇有關父母一方離家的因素中，表示自己受到欺瞞。報告結果也如預期地顯示出：較年幼的孩子往往比較年長的孩子，更少得知父母分居一事。在多年後的一項後續調查中指出，不論從什麼角度來看，都只有四成左右的父母認為他們過去的做法，對孩子的啟發是相當有意義的。

從現今的角度來看，沒有告知孩子分居一事的父母認為，當他們決定分居後，一定要知會孩子，讓孩子有機會對此事預先做好心理準備，也能避免孩子懷有無謂的錯誤期待；而當年曾將分居一事告知孩子的父母親，在事後則認為，因為他們的孩子年紀都還太小，所以無法完全理解父母分居對家中成員的意義。

然而，這項研究報告的統計數字顯示：假如孩子能對父母分居一事預先做好心理準備，對於親子關係將有正面的影響。

此外，根據多項實驗的結果得知：當夫妻處理分居或離婚一事時，許多父母都會低估與孩子進行解釋性談話的意義。

在極少數相關主題的文獻中，仍然可以找到有關「與孩子交談的必要性」的指引，這類的談話其實能讓孩子明白，父母對孩子的感情，不會因分居或離婚而有所改變。

事實上，許多孩子對於父母分居一事已有預感，假如孩子能夠理解此事，那麼父母最好能即早告知他們，並與其懇談。如此一來，他們才能更早接受父母離異之事。

為什麼爸爸／媽媽要搬出去？

傷心案例

八歲的可欣以及十歲的可唯生活在父母感情不和睦的家庭環境。父母決定分居前，雙方曾經連續好幾週的晚上或深夜，在睡房裡發生激烈的口角，甚至還動手打了起來。

最後，母親逃到女兒可欣的房間，把自己鎖在裡面，而之後的幾個星期都睡在女兒房裡。她換了房門鎖，只有她和女兒可以自由進出這個房間。如果父親爲孩子們準備早餐的話，母親便與孩子一起吃午餐及晚餐。

夫妻倆只有發生非常緊急的事情時，才會和對方說話，而且多半都帶著侵略性的語氣。兩個孩子試著同時對父母雙方表示關切，目的是爲了避免他們不斷地互相攻擊、發生激烈的口角、大聲嘶吼，甚至拳腳相向。

雖然家人找來青少年兒童福利局協助，但父母雙方仍然無法進行良性溝通，因此必須透過法庭進行強制分居，最後法官裁定，爲了避免父親再度傷害孩子，他必須在某個期限內搬出家門。

分居後應該住在同個屋簷下嗎？

通常只有少數夫妻可以長期分居，但儘管住在一起，雙方也不會出現高度緊張的情緒。夫妻分居後仍住在同個屋簷下，常常給人荒謬的感覺，同時也可能發生一些危險的困境，例如：孩子吃午飯時，必須跟爸爸吃一次，跟媽媽再吃一次；或者，當父母一方在場時，禁止孩子與另一方說話；或是母親因為先生的暴力相向而讓出臥房，到孩子的房間裡尋求避難處，並鎖上房門，此時，孩子間接地成為母親的保護人或是「人質」，這是相當棘手且值得深思的問題。

父母在孩子面前暴力相向，其實是濫用孩子的情緒。一般而言，孩子愛著父母雙方，可是卻必須被迫觀看父母親在他們的面前互相看輕、貶低對方，並且在言語甚至是肢體上傷害對方，這些可怕的舉動將會導致孩子出現極度害怕失去雙親的恐懼感，就像是可欣和可唯兩人被父母打架的姿態嚇到，因此，可欣出現想要保護母親的欲望，並且不希望失去她。

雖然處於分居狀態，卻住在同一屋簷下的父母親，各自的心裡都打著如意算盤，雙方都以為，誰能留下來，誰就可以得到孩子的監護權。因為孩子對於住處一定相當眷戀，而離去的一方，什麼東西都帶不走，甚至會失去孩子。

就經濟狀況的層面來看，分居或離婚的夫妻通常會表示要勒緊腰帶過生活，在社會地位甚至還有下降的可能性。畢竟，對於現今高失業率的社會來說，即將搬出家門的父母一方，要找到一個適合的住處，相當不容易。

若是孩子對於整天互相攻擊、對抗的父母透露些許訊息或直接表明，他們只想和原住處的父親或母親在一起，那麼這場迫切的孩子之爭或許就能避免了。然而，極為少數的家長與伴侶發生口角後，願意對彼此說出真心話，或把生活領域交付給另一半，因此，究竟誰該搬出，便成為一個難解的問題。

如果連父母都看不出來，孩子在他們兩人的中間，猶如夾心餅乾般，這種左右為難的情況將會不斷磨損、消耗他們的身心，此時，青少年兒童福利局人員必須立即執行家事法庭中的兒童保護措施，其中包括：將孩子平安地帶離家庭或住處；或者給父母其中一方一份文件，通知他們在特定期限內搬離住處。

父母分居但仍同住在一起的日子，等於是打開了不信任以及質疑的大門。舉例來說，在同樣的住處內，父母一方可能會利用房門鑰匙，開闢另一方不能踏入的「禁區」（即房間）。為了能掌握「證據」，夫妻一方會竭力搜尋配偶的私密文件，然後拿給孩子看，目的是為了當著孩子的面證明，或是加深另一方負面的形象。

假如在結婚時，房子是由雙方精心打造，而當兩人的關係瀕臨破裂後，多半是當初花費較多心血的一方對於房子懷有留戀，因此，貢獻最多的一方可能會堅持留在原住處。不過，夫妻分居或離異後無法再保留的私人住宅，往往會留有一筆抵押款，終究還是必須變賣房子。

有鑑於此，父母分居但仍住在同一屋簷下，唯有雙方做到良性溝通，以及在生活上，能給予雙方最基本的尊重時，才能讓孩子得到幸福。

應該和孩子一起決定未來的住處嗎？

十四歲以上的未成年子女，當他們的父母分居時，沒有人能剝奪他們與父母一起決定未來將與誰同住的權益。法庭將按照不同的狀況處理案件，訴諸司法過程並非違反子女的意願，而是為了在有疑點的情況下，能夠針對孩子的想法，對他們進行一場司法詢問，再做出最終的決定。

筆者在這裡提供一個案例：十五歲的怡君，以及十三歲的志明，他們告訴即將分居的父母：「我們倆都要繼續待在這裡，就算以後決定誰要跟誰一起住，未來，我們仍舊要住在這裡。」為了不失去孩子，所以父母沒有任何一方願意搬出去，如此便形成了「分居但仍住在同一屋簷下」的情況。

就怡君與志明的角度來看，他們不願意失去原本的同學，也希望能夠繼續參與社團活動，因此，他們非常擔心，父親或母親一方會離開住處，並且搬到很遠的地方去，導致他們可能同時失去父親或母親，甚至失去家人以外的社交領域。

對於父母雙方的互動同樣密切，同時也被照顧得無微不至的小小孩、幼稚園兒童，或是剛上小學一年級的小學生而言，若是讓他們自己決定父母哪一方該取得監護的優先權時，可能超過他們能力所及的範圍了。

這個年齡層的孩子們，如果選擇父親，表示他們比較愛父親，而如果選擇母親，表示他們比較愛母親。不過，為了避免造成孩童的困擾，盡量不要讓年紀太小的孩子獨自做決定。

假如年紀較長的孩子在思考的過程中，對於該選擇父母的哪一方，面臨相當嚴重的**忠誠度衝突**時，也別讓他們自己決定，而是由局外人幫他們決定，對他們而言，或許較有益處。此外，有些年紀稍長的孩子或青少年被問及，希望與父親還是母親一起居住時，他們會選擇拒絕回答，而以「打太極」的方式將問題推回去，例如：前述案例中的怡君和志明。

貼心補給站

忠誠度衝突：指的是孩子出現對父母的矛盾情緒。意即孩子對父母任何一方表示親密，或是選擇其中一方，又怕對不起或得罪另一方家長的情形。

一般來說，孩子表達的意願隱藏著重要的含意，然而，從他們嘴裡說出來的話語，往往不等同「內心真正的意願」。

尤其是年紀較小的孩子很容易受到別人的影響，因此會發生「今天說一套，明天說一套」的情形。例如：評鑑人員詢問他們未來想和誰一起住時，若今天他們是由媽媽的陪同下前來，那麼他們會說，要跟媽媽一起住；反之，如果是由爸爸陪伴而來的，他們會說要跟爸爸一起住。

由此可知，假如孩子違背內心真正的意願，而與父母其中一方同住時，該父母一方將不易與孩子建立良好且持久的關係，同時也很難再建立不可或缺的信任關係，如此一來，可能會危及孩子未來的心理發展。

有時也會依照外在因素來決定孩子未來的住處，例如：找不到合適的學校讓孩子入學，或者父母無法如願地照料孩子（詳見第四章），使得父母無法滿足孩子的期望。

十歲以上的孩子或許會提出這樣的建議：既不跟著父親，也不跟著母親，而是跟著祖父母或外祖父母，或是住進寄宿學校裡。事實上，他們的想法，是為了能夠繼續保持與父母雙方的往來，並且減輕父母在這場孩子爭奪戰中所受到的傷害。

然而，無論是與爺爺、奶奶或是外公、外婆同住，孩子對爺爺、奶奶或外公、外婆的期盼，通常間接等同於孩子對父母的期盼。

根據調查顯示，只有在極少數的婚姻爭執事件中，是由岳父母與女婿聯合或公婆與媳婦聯合的。不過，親生父母與陷入婚變漩渦中的成年子女聯合起來，並且中斷與另一方的往來，卻是相當常見的事。

爸爸／媽媽以後都不在家了嗎？

傷心案例

庭安（十三歲）、建志（十二歲）以及大仁（六歲）的父母在婚姻出現危機後的三個月分居了。後來，母親帶著三個孩子搬到一個朋友家去。而父親則經常待在自己的父母家中。因爲父親一直懷疑他的妻子有外遇，所以，在孩子面前時常對她動手動腳。此時，母親會叫大兒子報警，並且希望丈夫不要再對她暴力相向。而母親的雙親，從女婿的口中得知，他們的女兒是爲了年輕男子而與丈夫分開，他們對此感到訝異，便與女兒斷絕往來，反倒與女婿聯合起來，並且支持他。

因爲如此，造成孩子們不願再與祖父母、外祖父母見面。孩子與父親見了幾次面以後，他們也拒絕再與他會面，原因是父親曾經試圖讓爺爺、奶奶以柔情攻勢，希望將孩子拉到自己的陣營。但是，父親很快地發現，庭安說什麼，弟弟們都會照做，父親爲此打了他一頓，得到的結果卻是三個兒子再也不願意與他聯繫。

於是，幾週之內便形成了「對立的聯盟」：母親、三個孩子、母親的新伴侶以及新伴侶的父母親是同一陣線，而父親及祖父母、外祖父母是另一陣營。

離婚陣線聯盟

根據前面的傷心案例可知，父親的絕望與暈眩感，一方面是來自於自己的暴力傾向，另一方面是因為妻子在孩子面前對他言語上的羞辱。而孩子們與母親已經形成一股凝聚力，因此，他們越來越不希望與父親有任何往來。於是，孩子就這樣捲入一場父母之間的紛爭，父親一直以來的暴力傾向也讓孩子認為，他們必須站在居於弱勢的母親這邊，來保護她、認同她。再加上爺爺、奶奶曾對他們施加壓力，試圖贏回孩子的心，然而，這種做法無疑是讓孩子更加遠離父親，並且投向母親的懷抱。

處於分居階段的父母與社會環境間的互動關係，是依據雙方獲得社會大眾的支持以及尋求協助的差異而定。假如分居的夫妻，經過時間的沉澱後，當初那些令他們趨於不知所措的驚愕逐漸消失後，他們會為了了解事情原委，分別去尋求「盟友」。然而，當他們對其他人說出自身的感受時，會因為持續不斷地回想，加深因分居所造成的憤恨及悲痛之情。

那些尚未解決的生活課題導致父母的分居或離異，是不幸、意外，還是給予雙方一次新的機會，往往到了分居後期才能確定，這些歷程在克服離婚的階段都是不可避免的，所以，別一味地指責對方的「錯誤」，也要承認自己有所疏失，雙方才有復合的機會，而這些疏失，顯然是將那些共同編織的美夢化為泡影的元凶。

分居的過程通常必須持續中、長期的時間。短期的分居，牽涉到的不外乎是「開門七件事」——柴米油鹽醬醋茶等平淡無奇的生活瑣事、分居後的日常生活新流程以及熟悉擔任子女監護人或「週末父母」的角色。結束或重新開始一段關係的過程裡，家人分開後真正的任務是：分居後，父母在破裂的夫妻關係與共同存在的任務中，依然能繼續扮演稱職的角色。

若事情涉及孩子與父母之間的關係是否出現兩極化，或者必須進入「離婚官司」的情況，或是遭逢變故的孩子之利益問題，這時支援者與法律顧問等人扮演著相當重要的角色。此外，一個完整的家庭解體後，所出現的財務問題必須公平公正地獲得解決，不應讓任何一方在社會上陷入絕境，或被視為「散財童子」。

住處距離與探視問題

倘若搬出家門的父母一方在原住處附近，或是在同一棟公寓裡找到棲身處，對孩子而言最為有利。雖然能夠經常與孩子碰面，卻也可能帶來不便之處，例如：父母親必須每天見面，兩人又相當敏感，孩子反而更容易感受到父母之間持續存在的侵略意味。因此，父母分居後，應該停止在孩子面前批評對方，才不會讓孩子陷入兩難的困境。

假如父母一方受到詆毀，該如何讓孩子毫無成見，並積極地再與爸爸（媽媽）親近呢？

一般來說，孩子們不會要求父母在見面時要擁抱彼此，他們通常會希望父母雙方至少能再看對方一眼，並且給予對方最基本的問候。由此可知，父母親絕不該讓孩子去看爸爸（媽媽）時，產生自己犯錯的錯覺。

對年紀越大的孩子來說，假如父母雙方住得很近，與他們之間的交流就越彈性；倘若父母分居後兩人住得很遠，則必須注意一些太過分的要求，例如：要求一個十到十二歲的孩子，每兩個禮拜從台北坐火車到高雄，或從高雄到台北去。甚至由父母一方帶孩子到火車站後，讓孩子獨自一人坐火車離開，再由父母另一方去目的地接他。

年紀越小的孩子，越需要一個固定的居住地，因為對年紀較小的孩子來說，訓練他們生活上的規矩是必要，也是重要的。舉例來說，入睡前的刷牙習慣、固定吃飯及上床睡覺的時間等。

所以，把孩子「交出去」給另一半時，彼此必須交換一些關於孩子的重要資訊，就是具有意義與不可或缺的動作，像是孩子身心仍舊存在的病症，或者對孩子造成極度沉重的事件等，都應該一併知會對方。

假如在婚變時，與對方的近親家屬（如祖父母或外祖父母、叔伯舅、姑姨等）早已鬧翻，父母一方通常會禁止另一方探望孩子；或是孩子從父母一方的住處回到家後，就命令孩子馬上換掉衣服，原因是孩子之前處於衛生條件不好的地方，所以不希望孩子弄髒住處環境。前述這些舉動都是相當不智的行為。

筆者經常聽到下列的例子：父母一方沒有遵守約定的會面時間，不把信用二字當一回事，或者時常在最後一刻取消約會。這些都是令對方與孩子相當困擾的問題，孩子甚至會覺得，自己好像是顆皮球，被父母踢來踢去。有鑑於此，假如家長在約定好的會面時間，臨時出現突發狀況而無法赴約，若在事後能夠盡力彌補，就表示失約的父母一方其實相當重視孩子的感受，對於孩子的人格發展才具有正面的助益。

對於年齡稍長的孩子而言，同儕之間的感情維繫通常比家人之間來得重要，所以他們寧願花更多的心思在個人需求與社交活動上。筆者曾經聽過許多在社團裡相當活躍的國中或高中生，時常為了每兩個週末得去探望爸爸或媽媽，以及星期六是否可以參加社團訓練等問題而苦惱。

一般而言，父母失和的關係，孩子不可能完全不知情，所以家長必須向孩子解釋事情的原委，但不須將所有的細節都告訴孩子，只要讓孩子了解大致的狀況即可。例如：父母要盡量避免將律師寄來的信唸給孩子聽或給孩子看。因為在孩子面前，家長應該試著將父母與夫妻的關係區分開來，不應把夫妻間的問題延伸到與孩子間的互動關係上。

是否該尋求適當協助

倘若父母分居，一方搬出家門後，雙方均順利地重新展開新生活，或是他們剛開始的生活不穩定，最後仍再度回到平穩的狀態，對孩子而言，都是正面的訊息與影響。假如父母正式分居以後，雙方日子都過得還不錯，或是他們對於現在的生活情況還算滿意，而孩子面臨父母分居時所感到的不踏實感，此刻也較能應付自如，並且情緒也將能逐漸穩定下來。

父母分居後，孩子在學校裡，行為舉止可能會變得異常或失調，因此，家長應該即時知會學校老師家中的一切狀況。

從某種程度上來看，間接社會團體（如幼稚園與學校等）的教育工作者，能夠讓孩子減輕，甚至克服內心所產生的不踏實感。所以，在父母分居或離婚時，給予孩子適當的精神支持也是必要條件之一，例如：讓輔導員與孩子在遊戲或談話中，引導他們說出內心深處的苦楚，或許能讓孩子的心理狀況產生些許的改善。

父母一方遷出後，即使與孩子同住的父母一方無法直接地表露悲痛的心情，而是以其他方式表現，像是出現憂鬱或具侵略性的態度，孩子也應該有療傷期來平復他們受創的心。假如與孩子同住的父母一方，直接或間接地阻擋孩子與另一方聯繫，甚至使孩子在心中建立起對父母另一方的疏離感，都是相當不可取的行為。

此外，還有一種情況是，先生在離婚前曾對妻子施暴，妻子往往會指稱她的前夫與孩子見面時，可能會對他們拳腳交加。為了避免此事發生，所以她堅持，前夫要探視孩子時，必須要在她居住的地方進行。然而，這種安排多半不會維持很久，而父親也會辯稱，由於存在於父母雙方的緊張情緒，使得孩子的態度不如從前，他們會傳達些許訊息，表示希望能減少，或是根本不想再和父親有任何接觸。

在這類的案例中，父親探視孩子時，必須要有第三人陪同，而第三人最好是孩子可以信賴的至親家屬（例如：祖父母、外祖父母或阿姨等）。此種透過第三人「陪伴性

質」的探視，比母親獨自進行「照顧性質」的探視還要明智許多（詳見第五章）。

倘若父母已經正式分居，情勢往往會出現極其對立的發展，弱勢的一方會覺得自己是整件事情中，徹頭徹尾、完全崩潰的人，而強勢的一方則會覺得自己好比一個癱瘓、受到侮辱或責罰的人。根據學者專家確切地描述此種情形：「父母分居或離異，好比『公司倒閉』般，被人們視為稀鬆平常的事；另一方面，如同死亡般，是被日常生活中排除在外的一場惡夢，或是一場令人瞠目結舌的大災難。」

就孩子的利益而言，分居或離異後，父母必須學會理解：夫妻離婚，並不代表家庭分離，離婚後仍然可以度過正常的單親家庭生活，孩子也應該與父母雙方保持聯繫的關係，這種聯繫關係，正是現有的、可擴展的社會網絡資源（親戚、朋友、學校同學以及鄰居等），也是戰勝因分居或離異對孩子造成打擊的重要方法之一。

換句話說，父母分居後，為了在婚姻危機取得必要的協助，應當儘早向外尋求相關資訊。不但有助於「被對方背叛」的一方從婚變中走出來，甚至對於遭受池魚之殃的孩子們幫助更大。

在單親家庭中，獨自撫育孩子的父母一方，對孩子的適應力，可能會寄予過分的要求；或是社會環境經常將孩子貼上「父母離異下的可憐蟲」的標籤，並且低估了他們的能力。

Q1 倘若孩子由父母以外的家庭或機構（如育幼院）扶養，父母必須負擔扶養的費用嗎？

蔡家豪律師：

這個問題就如同第一章的問題一樣，是可以請求的，只不過，法律上規定可以向父母親請求費用的人，應該是孩子本身，向不願意負擔扶養費用的父母親請求。

參考法條：

兒童及少年福利法 第35條	兒童及少年罹患性病或有酒癮、藥物濫用情形者，其父母、親權行使人或其他實際照顧兒童及少年之人應協助就醫，或由直轄市、縣（市）主管機關會同衛生主管機關配合協助就醫；必要時，得請求警察主管機關協助。 前項治療所需之費用，由兒童及少年之父母、親權行使人負擔。但屬全民健康保險給付範圍或依法補助者，不在此限。

兒童及少年福利法 第42條

直轄市、縣（市）主管機關依第三十六條第三項或前條第二項對兒童及少年為安置時，因受寄養家庭或安置機構提供兒童及少年必要服務所需之生活費、衛生保健費、學雜各費及其他與安置有關之費用，得向扶養義務人收取；其收費規定，由直轄市、縣（市）主管機關定之。

民法 第1055-2條

父母均不適合行使權利時，法庭應依子女之最佳利益並審酌前條各款事項，選定適當之人為子女之親權行使人，並指定監護之方法，命其父母負擔扶養費用及其方式。

民法 第1114條

左列親屬，互負扶養之義務：

一、直系血親相互間。

二、夫妻之一方與他方之父母同居者，其相互間。

三、兄弟姊妹相互間。

四、家長家屬相互間。

民法 第1115條

負扶養義務者有數人時，應依左列順序定其履行義務之人：

一、直系血親卑親屬。

二、直系血親尊親屬。

孩子因為父母管教不當，因此養成毒癮，進入強制勒戒所，而這些費用，國家可以和父母請求。

三、家長。
四、兄弟姊妹。
五、家屬。
六、子婦、女婿。
七、夫妻之父母。
同係直系尊親屬或直系卑親屬者，以親等近者為先。負扶養義務者有數人而其親等同一時，應各依其經濟能力，分擔義務。

民法 第1116-2條

父母對於未成年子女之扶養義務，不因結婚經撤銷或離婚而受影響。

Part 3

當爸爸／媽媽離開後，
家裡好混亂！

對於爸媽之間的問題，我無能為力

傷心案例

十二歲的慧珊及十八歲的哥哥信平和父母住在一間三房的公寓。因爲母親覺得父親不再是家庭的一分子，所以，她想和他分居、離婚，再加上，她認爲附近有一名男子暗戀她（事實並非如此），而逐漸有了精神出軌的現象。於是，她開始拒絕滿足先生及孩子的願望，也不願求助於精神科醫師。父親每天辛勤地工作，慧珊的哥哥則在接受職業訓練，因此，照顧母親的責任就落在慧珊的肩上。可是她越來越害怕母親，因爲母親告訴慧珊，她的心裡有另一個聲音。

慧珊提到了母親曾說，在她的身體裡有一個聲音，而這個聲音告訴她應該做些什麼事。慧珊覺得這些話實在太不正常，不僅是哥哥，連爸爸也這麼認爲。可是母親總是說：「你們只相信你們的爸爸，都覺得我生病了。」

假如父親或母親其中一人得搬出去的話，慧珊實在不知道她會跟著誰。她很擔心母親，不希望失去她，同時也很想幫助她；可是另一方面，她又覺得很丟臉，因爲她有個「不正常」的母親，所以慧珊從此下定決心，未來要成爲一名醫生。

父母一方的問題——酗酒、吸毒、精神問題等

在前述的傷心案例中，專家為慧珊測驗家庭觀感時，她寫道：「我希望一家人能永遠在一起。」「我試著讓媽媽明白，家人是很重要的。」「我實在什麼事都沒辦法做。」當慧珊被要求寫下希望魔法師可以為她達成的十個願望，或期盼能改變的事，她寫道：「第一，我希望一家人能再相聚，而媽媽能了解她在做什麼；第二，我希望媽媽可以聽爸爸的話；第三，我希望媽媽不會再出現奇怪的想法；第四，我希望全家能過得很愉快。」

其實，慧珊對於身處的狀況感到相當困擾，但她又不能把母親的病況告訴朋友，因為她覺得很沒面子。所以她趁著其他人不在家時，照顧母親。換言之，慧珊等於是扮演了「代理母親」的角色，也就是說，她為了母親而承接了「父母對子女應該負起之照顧和輔助的責任」。雖然母親為了離婚訴訟與爭取慧珊的監護權而不斷努力，最終還是得接受精神科的治療，這對孩子目前的處境來說，猶如撥雲見日。

假如父母一方有精神上的疾病（如嚴重的憂鬱症、酗酒成性等），同時又無法意識到自己的病情，而此刻父母分居一事又勢在必行或已成定局，那麼配偶間將會出現相當嚴重的問題，其中身心健全的一方會希望配偶能接受必要且適當的治療，藉以減輕或消弭存在的問題，才能避免一場或重複上演的分居戲碼。

對於嗜酒成性或染上毒癮的父母一方來說，會認為另一半的情況與他們相同，使他

們長時間無法進行適當的治療。在此種案例中，假如身心健全的父母一方決定與生病的另一半分開，通常病入膏肓的一方，會將酗酒成性的過錯推給另一半，或者訴說另一半精神不正常、人格有問題等推託之詞作為理由。此時，除非生病的一方願意接受治療，否則必定會引起軒然大波。

倘若分居前，一方以威脅的口吻揚言要自殺，或是自殺未遂，導致另一方不得不將分居一事延宕下去，才能避免引發家庭悲劇的潛在危機，而最終只有仰賴局外人的協助方能獲得解決。另外，遭受病魔纏身或酗酒成性、染上毒癮的父母一方，由於他們目前的狀況實在無法照料孩子，再加上他們還沒有準備接受治療時，故生病的父母一方會用盡一切辦法讓分居一事拖延下去，但是，最終仍難以避免。若是家庭遇到這種情況時，必須尋求相關機構的適當協助（如青少年兒童福利局或醫療機構等）。

然而，在許多案例中，健康的父母一方卻被懷疑同樣患有精神疾病，其人格被斷定為具有「人我界限的問題」（即**邊緣性人格**），而且對孩子構成極大的威脅。這種只憑患有精神疾病的父母一方說詞，通常是一方為了避免孩子與健康的家長一方往來而捏造的，往往出現在相當棘手的分居或離婚案件。

貼心補給站

邊緣性人格：是一種可被診斷的精神疾病。它的主要症狀為精神行為上極端對立的表現同時出現。患者在童年時期，可能曾經受到家庭暴力等傷害，例如：身體或性方面的虐待，而多數患者的童年與家人分離，有些雙親甚至具備衝動和憂鬱的特質。

父母雙方的問題

以下，筆者將列舉出其他使分居或離異更加複雜化的原因，並進而訴諸法律途徑的狀況：

1. 因他人的介入而擴大了夫妻之間的衝突（如祖父母、外祖父母，甚至是彼此朋友圈的介入）：四十五％。
2. 疑似或已證實的家庭暴力：三十五％。
3. 異國婚姻的困難性（尤其當父母宗教信仰不同時）：十八％。

＊衝突擴大

當夫妻衝突擴大時，不僅是祖父母和外祖父母，連孩子的乾爸媽、鄰居，甚至所有的朋友都會知道這件事。接下來，雙方人馬不是鬧到上報，就是上電視，使得這場「戰

爭」如滾雪球般越滾越大，有時在同鄉鄰里間演變成爆炸性的話題。

因為雙方的支持團體均強迫當事人必須保持敵對的狀態，如此一來，將使得當事人無所適從。

此外，祖父母或外祖父母加入戰局，或是協助支援照料孩子的至親家屬們（像是阿姨或孩子的乾爸媽等）彼此形成「對立的聯盟」，而在這類的案件中，孩子們感受到的不僅是從父母雙方爭執而導致的壓力，同時也被迫去接納、支持雙方團體的觀點及其對立的形象。

＊家庭暴力

在超過三分之一的「離婚官司」中，有疑似或已經證實的家庭暴力，很明顯地透露出，哪些極具破壞性的力量與絕望會伴隨著分居或離異而來。舉例來說，母親聲稱，父親有暴力傾向，孩子們通常也會不加思索地表示父親過去曾經毆打過他們。孩子這麼做的原因在於，要清楚的表示與母親的看法一致，同時也表現出想和母親同住，以及拒絕接受父親探望的意願。

值得提醒的是，當然也有婦女毆打她們的先生，或是母親虐待孩子的情況發生。若母親與孩子為了躲避暴力傾向的父親，而一同逃往婦女保護之家，往往是邁向分居之路的第一步。這也顯示出，即便有暴力傾向的父親從未對孩子動粗，在這段期間，孩子也會短暫地與跟父親斷絕聯繫。

此外，某些孩子會刻意延宕與父親會面的約定，看起來就像是父親對孩子視若無睹、漠不關心。事實上，此時孩子與父親間的關係已經明顯惡化，其中也隱藏著孩子以保護的心態，站在母親這一方，並且寧願賭上不能再見到父親的可能性。有鑑於此，家長必須求助於青少年兒童福利局人員，萬不得已時，可以「**陪伴性質**」的探視，設法使家長與孩子之間能夠繼續往來。

陪伴性質：陪伴性質的探視通常是由青少年兒童福利機構，或兒童保護協會，透過名譽會員所支援的。然而，此種探視方式有個壞處，在探視期間的開端，陪同人員對孩子而言相當陌生，所以，一定要先讓孩子適應陪同人員的陪伴。

*異國婚姻

當異國婚姻亮起紅燈時，往往會造成當事人極度恐懼不安。因為來自其他國家，擁有不同文化或宗教背景的父母一方，可能不會透露任何訊息給另一半，便強行將孩子帶走。例如：父親是伊斯蘭教徒、母親是基督信仰，而第一個出生的孩子又是兒子的話，便加深了文化差異的解決困難度。就父親的角度來看，長男是他的代理人，因此，兒子理所當然地屬於他的家庭。在一些較傳統的外國家庭裡，這種文化上的差異可以被理解，不過，若是此種婚姻關係破裂了，當事人往往很難接受雙方法律條文的規定。

有些孩子成長於雙語環境，例如：孩子已經上幼稚園或小學，能說一口流利的國語，而在家中父母一方的母語是非國語，孩子也時常使用此種外語，這對孩子的身分認同，十分重要，同時對他未來的職業生涯也很有幫助，因為擁有兩種外語能力，對於未來的就業市場無非是莫大的助益。

從兒童暨青少年精神疾病的觀點來看，雙語成長對於智能發展正常的孩子而言，相當有益，因此不該低估它的重要性。

＊社會階層差異

此外，先前提及的評鑑分析結果顯示，假如父母之間的社會階層相差太多（像是父母一方是大學學歷，而另一方是高職程度），如此一來，在分居或離異時，也會出現一些問題。例如：教育程度較低的父母一方，能夠給予孩子的協助，或許較另一方來得少。然而，唯有當贊成或反對孩子留在父母一方的成因勢均力敵、旗鼓相當，這一點才能算是個論據。

＊宗教差異

舉例來說，父母一方因為感情因素不願看到另一方，而退出原先信仰的宗教團體，另一方仍繼續留在這個團體裡。不過，這種案例相當罕見，大部分是因為改變目前的宗教信念才會退出此團體，而繼續留在團體中的另一方，則會受到已退出團體的一方極大的影響。

在小型的宗教團體中，其信仰較為保守，但在離婚過程中經歷到的並非無關緊要的小事，而是關乎信仰的重要事項，所以在團體中會形成強大的團結力量。如此一來，宗教團體通常會在退出者要離開之前給予極大的壓力，而退出宗教團體的一方反應是，以很強烈的方式與團體劃清界線。

這種情況也會發生在處於分居狀態的夫妻身上，同時會給予孩子相當大的負面影響，父母一方會堅稱，另一方所信仰的宗教教義糟蹋了孩子，並且不尊重孩子的個人意願。

具體看來，宗教差異將會導致的問題是，孩子的社會化過程是否因為單親家庭的父母一方所灌輸的宗教概念，而有所損害甚至受到危害？

例如：在國外，某個家庭在家人生日、聖誕節、復活節或聖靈降臨節（耶和華的見證）等節日不舉行慶祝會，便會受到指責，甚至造成孩子在學校裡或鄰里間沒有朋友，而出現溝通上的缺陷，但這項論點也必須在個別的情況下審查。通常，一個被國家認可的教派或宗教信仰團體的成員，絕對不容許團體中發生危及到社會化的事情。

＊性格與心態

假如配偶的性格在結婚時已經非常不穩定，且夫妻兩人在共同生活期間沒有能力克服困境的話，通常在分居或離婚時，會遇到更大的難題。除非他們現有的關係能夠成功地更上一層樓，並且透過這一層關係得到支持以及穩定，然而，這些案例經常都是例外。

如前所述，倘若一方不想分居或離婚，並且用盡所有心力，只為了再度贏回對方的心。在這種情勢下，當事人會傳遞孩子一些訊息，表示他們已經為和解做好準備。

對孩子而言，如果他們跟父母雙方的關係良好，通常他們都希望利用這樣的和解方式，讓父母重修舊好。而希望挽回婚姻的一方，也會因此得到孩子的支持。

決心要分居或離婚的另一方卻有不同的感覺：孩子變成另一半最大的籌碼，而他會利用孩子對想分居或離婚的一方進行勒索。

極力想挽救婚姻的一方，同樣地，也必須和另一半保持適當的距離，因為想要分居或離婚的一方所表現出來的正常舉動，將在另一方的心中對兩人的關係重新點燃一些非真實的希望。

爸爸/媽媽來接我，叫我不要說

傷心案例

十三歲的家升出生在一個具有雙重文化的家庭，母親是台灣人、父親是南美洲人。

因爲家升的哥哥和父親那邊的親戚全都住在南美洲，所以，家升的母親很擔心父親可能會偷偷把兒子帶回南美洲去，因此，她請求法庭的許可，禁止家升的父親在分居或離婚時帶家升到國外去，當家升的父親沒有知會母親，帶著兒子前往機場時，法庭便對他下達此項命令。

其實家升的父親曾經考慮過，讓兒子待在南美洲的親戚身邊生活，對兒子來說，不見得比較適當。所以，他想趁著暑假，讓家升可以明確地了解此事，於是他不管法庭的禁令，仍試著在暑假期間帶著家升飛往南美洲。

母親知道了這件事後，便強行在丈夫的房間裡翻箱倒櫃，最後終於找到了機票。隨後，她找來了警察，當著兒子的面，拘捕了她的丈夫。

私自帶走孩子，等於「非法禁錮」!?

前述的傷心案例，不僅戲劇性地加深了家庭的衝突，也促使孩子無法諒解母親的做法，反而投向父親的懷抱。筆者可以肯定的是，父親其實沒有拐誘孩子的意圖。但是他的行徑卻證實了母親的看法。

「非法禁錮」的意思是，孩子在週末與父親或母親會面後，不再回到他的慣常居住地，而這種情況也可能發生在父母雙方已談妥的長假規則裡。舉例來說，假如孩子透露出，他根本不想回去的訊息，若未告知另一半，而將孩子留在身邊，不讓其返回的一方多半會解釋說，孩子明顯地表示出不想回家的意願，而他們只是順著孩子的想法罷了。但是父母卻經常忽略筆者曾經提及的觀念：年紀越小的孩子，越容易配合與他們會面的父母一方，而且也會講父母愛聽的話。

值得注意的是，父母一方，或許會因此與另一方建立起防禦的圍牆，完全阻斷往來的可能性，因為他們會擔心，曾經「非法禁錮」孩子的另一半如果得到了孩子，可能會再次將孩子滯留在自己身旁。

「拐帶孩子且據為己有」的意思是，無監護權的一方，擅自將孩子從學校或網球場等地方強行帶走，然後辯稱，孩子不想跟著另一半，想要跟著自己。

「拐帶孩子且據為己有」與「**擄拐**」這兩項行為，同樣地存在著孩子將與父母另一方失去聯繫的風險。

貼心補給站

擄拐：如果法院已決定了子女慣常監護權的歸屬（不論是臨時性的或是已明確決定的），而無子女慣常監護權的一方暗自將孩子接走，無論之後是否知會另一方有關孩子的去向，或是雖然告知了，卻沒有說明孩子身在何處，都算是擄拐。

＊是正面的經歷還是心靈創傷？

「非法禁錮」或「擄拐」對孩子而言，可以呈現出正面的經驗，也可能讓孩子受到極大的心靈創傷，這完全取決於孩子被「非法禁錮」或「擄拐」時的年齡層、孩子與父母雙方的關係是否密切，以及孩子在父母分居後置身於何種情形下所產生的感覺，一切視發生的狀況而定。

事實上，假如孩子與「非法禁錮」或「擄拐」他的一方之間的聯繫較為頻繁、關係也較好的話，對孩子造成的負面影響通常較小。

若是孩子已經學會開口說話，而他所說的語言，和擄拐他的父母一方相同時，那麼對孩子反而有利。

倘若孩子在異國婚姻的雙語環境下成長，而出現擄拐孩童到國外的事件時，必須要注意以下幾點：孩子使用的首要語言，是母親的語言，還是父親的語言？因為父母必須考量的是，擄拐孩子的父母一方是否能使用孩子的常用語言與其溝通，這一點十分重要。

如果孩子曾被「非法禁錮」或「擄拐」，而且與父母雙方均有良好且頻繁的往來時，此時便有個疑問：是否因為父母兩人空間上的距離，使得被擄拐的孩子被允許或是能夠與擁有監護權父母一方保持私人接觸，或者電話聯繫？

對年幼的孩子來說，完全中斷一段原本完善的親子關係，可能會出現負面的影響。前述的意義是，孩子與父母間的「心理臍帶」被切斷了，而原本與孩子相連的父母一方，因為已經不再被孩子需要了，就如同不存在似的，迅速地從他們的記憶中消失。

倘若孩子對身處的環境相當熟悉，而且可以很快地適應並融入其中，或是覺得和原先家庭一樣，那麼新環境將不會對他造成太多的心靈創傷。

舉例來說，若是一個認識孩子，或許也是重要的關係人擄拐或非法禁錮孩子，並將孩子帶往祖父母或外祖父母的家，因為是熟悉的對象與環境，所以孩子受到的傷害也相對較小。

假如擄拐孩子的父母一方引起孩子心中的恐懼，對擄拐者將處於不利的情勢。這種情況可能是因為擄拐者曾經毆打或恐嚇過配偶，而孩子也曾經歷過。

此時，孩子通常會被強迫要完全認可同住的爸爸（媽媽），並且站在家長的角度支持他們。尤其是孩子的年紀都還小，並且與父親或母親一方處於特別的依賴關係，最容易出現這種情況。

＊孩子的反應

父母必須要特別注意，曾被「非法禁錮」或「擄拐」的孩子，其身心靈反應，筆者在這裡提供讀者相關個案：

八歲的偉凱以及小他三歲的弟弟，和父母住在台灣。他們的母親是德國人，當父母在台灣分居後，小兒子經過父親的同意與母親返回德國去，如此來來回回好幾次。偉凱則留在父親身邊，並且打算在學期結束後，與母親及弟弟回德國去。

不料，父親卻食言了，他不允許偉凱到德國去，並且當著兒子的面激烈地謾罵他的母親，以致於兒子在電話裡對母親求救：「媽咪，快來接我！」母親趕緊飛往台灣，將兒子強行帶走。事後，評鑑人員問偉凱：假如他必須回到台灣去，會發生什麼事呢？

由於偉凱一年前曾目睹父親與母親發生口角時，將母親毆打至流血，最後，家人不得不動用警力，強行將父親制伏，如今他仍心有餘悸，因此他回答：「我會很難受，我會去自殺，甚至沒辦法呼吸！」

偉凱在專業的**統覺**測驗中，出現的聯想是：「母親的形象與自殺劃上等號。」偉凱在測驗的前一天夜晚出現了心理或精神影響而引起的反應：呼吸困難、嘔吐以及心絞痛的情況。同時，他也出現了焦躁不安的情緒，進而發展成驚慌失措而表現出攻擊性的現象。

假如孩子在《國際性擄拐兒童民事方面公約》的範圍裡被送回台灣的話，很有可能會造成偉凱的身體以及心理方面莫大的危害。而在偉凱身上的形式，是以一種受到心理或精神影響所引起的現象來表現（如呼吸困難、嘔吐以及心絞痛）；而心理損害，則是以焦躁和不安的形式來表現，最後發展為驚慌失措而出現的攻擊性。因此，對於前述例案，專家對法庭提出諫言：將孩子送回台灣是不被允許，且萬萬不可的事。

貼心補給站

統覺：是指新知識必須建立在舊經驗上，如此一來，各種呈現的經驗連成體系，彼此有所聯屬而不孤立，就能形成有系統的知識。而統覺測驗則是由受試人員依照投射至黑白屏幕上的影像，來簡述一段具有吸引力的故事。

筆者提供的是從「非法禁錮」轉變成「擄拐」的例子，其中也展現出孩子在這種狀況下所產生的心理以及生理反應。

在「非法禁錮」與「擄拐」等案件中，孩子經常被告知，只是要去奶奶或外婆家度假，因此，孩子起先不會察覺到「擄拐」及「非法禁錮」這類的事，也不會覺得有什麼不妥之處。

一般來說，分了居的父母若帶著年紀較小的孩子通常會有以下做法：當孩子遭到擄拐，尤其是越過國家邊境時，擄拐孩子的一方才會告知孩子，不會再返回另一方的身邊，或是不想把孩子送回去。

然而，不僅是在國內的家事法庭訴訟案件中，或者是在《國際性擄拐兒童民事方面公約》範圍裡的國際擄拐孩童事件，被「非法禁錮」或「擄拐」的孩子，在心中會對被離棄的父母一方形成極度的厭惡感，因為年紀較小的孩子除了認同「擄拐」他的父母一方、所處的立場，以及說另一方的壞話以外，別無他法。這種極端的現象可能會導致所謂的「**父母親疏離症候群**」。

貼心補給站

父母親疏離症候群：因為監護權之爭而出現的心理障礙，孩子會無故表現出抗拒父親或母親的態度與行為。而這種行為來自於父母一方的打壓或洗腦，使孩子在內心詆毀父母另一方，並出現敵對態度。

有時候，被擄拐的孩子會被當作籌碼一般，特別是擄拐孩子的父親有意圖要威嚇母親的情況。因為這類的父親認為，母親和子女間的關係最親密，所以她們無法忍受與孩子的離別。因此，被擄拐的孩子在這類事件中被父親「功能化」，並且被當成工具使用，同時情緒也被濫用。

假如孩子與未同住在一起的父母一方親密且深入，而且在擄拐事件發生後，不曾與另一方有任何電話聯繫，此時也會出現一些徵兆，這些徵兆被稱為「對負荷以及適應力障礙的反應」，甚至出現所謂的「後心靈創傷之負荷障礙」，這裡所涉及的是關於妨礙社會功能與發展的主觀傷痛，以及情緒上的負面影響。

孩子在整個事件發生後，可能會出現短期或長期的消極反應，或是如恐懼及憂鬱現象的徵兆。其他情緒上的負面表現也會引起他人的重視，像是緊張、生氣、憤怒或絕望等，但某些孩子的反應可能表現出具侵略性、違反社會規範的行為障礙。此外，有一些孩子在擄拐事件失敗後，會緊緊抓住留在身邊的父母一方，並且脫離與年齡相符的獨立性格，再次回到過去的成長階段。例如：晚上尿床、害怕父母分居時，所帶來的恐懼感或退化到使用嬰兒時期的語言等。

對於年齡稍長的孩子而言，有時父母分居或離婚後，發生了「非法禁錮」以及國內外的「擄拐」事件時，常會出現**忠誠度衝突**以及前面所提及「代理母職」的情況。因為父母親的過失，使得孩子對「擄拐」一事衍生出罪惡感。

貼心補給站

忠誠度衝突：指的是孩子出現對父母的矛盾情緒，假如孩子對父母任何一方表示親密，或是選擇其中一方，又怕對不起或得罪另一方家長。

舉例來說，兒子經常與他的父親爭奪母親的寵愛，母親因而將他擄拐，因爭奪出現的罪惡感會在孩子的心中油然而生。即便成因不同，對孩子而言，他會認為，似乎是「因為他與父親的爭奪」才使得父母分居的。倘若孩子在他的心理發展中，曾企圖為父母離異一事而努力，之後出現被擄拐的事件時，孩子將會對父母離婚的事產生虧欠之感。

總而言之，筆者對於擄拐孩童一事做最後的說明：假如擄拐孩童的父母一方與孩子搬到其他地方，在別處與他人展開新生活，而另一半並不知道這件事，此時，孩子極有可能當個告密者，等同於盡了對父母忠誠度的義務。然而，倘若孩子與被離棄的父母一方逐漸有聯繫，孩子甚至會被當成父母之間的「傳聲筒」或「間諜」，同時孩子的情緒也遭受濫用，這幾點將在後面繼續深入探討。

爸爸／媽媽的傳聲筒

舉例來說，假如父親在離婚後與新歡住在一起，而孩子們在週末時去看望他們，如果母親對於復合仍存有一絲希望，認為父親或許還會再回頭，那麼她絕對會積極地詢問孩子有關父親的生活。因為她想知道，孩子們是否已經稱對方為「媽媽」了，以及當他們在那裡過夜時，是否曾鑽進父親與他女朋友的被窩裡等問題。

若是孩子們已經上了小學，這類問題會使他們面臨到忠誠度衝突，因為他們可能很快地察覺到，即便他們對父親的新伴侶留下很好的印象，對她也無可非議，但是母親始終認為父親的所作所為十分不道德。

在類似的案件中，因為父母其中一方並未完全放手，孩子往往被當成傳聲筒。比方說，母親要孩子們跟爸爸哭訴：媽媽現在日子過得相當不好，所以希望爸爸能再回到他們的身邊；媽媽很傷心難過，成天以淚洗面；或是外公、外婆說，他們覺得爸爸做得不對，但是願意原諒他等話語。

隨著父母的分居或離異，一個和諧的家庭就此瓦解。倘若這時家長任一方產生「人生失去了伴侶，將不具任何意義」的想法時，孩子將成為父母一方的後盾。以下的案例可以闡釋這一點：

有一對夫婦，擁有四個年齡層介於八到十五歲的孩子，他們在暑假期間分居了。孩子們先與母親度過兩個禮拜的假期，後來，十五歲的女兒想要與父親相處一個禮拜，可

是其他的兄弟姊妹都不願意。因為孩子們在父母分居時得知，父母親相處得不甚愉快，所以需要幾週的時間給彼此一些空間，以沉澱心境，而這段時間他們不會住在一起。當十五歲的女兒與父親同住時，父親與母親通了一次電話，而談話內容正巧被女兒聽到了，女兒從父親口中得知，這次的分居顯然還要維持下去。

父親將電話掛上以後，女兒便往自己的房間走去。父親猜想，女兒可能聽到了他們的談話，於是他打開了書桌抽屜，拿出了刀片，對著自己的手腕，推開刀片，並對女兒說：「如果妳不留在我身邊，人生不再具有任何意義，那我乾脆現在就結束生命。」女兒懇求父親不要做出傷害自己的事。

這件事在父親的威嚇下演變成：十五歲的女兒不再返回母親的身邊，因為她害怕父親會因此做出傷害自己的事，所以，支持父親便是她的任務，她必須給予母親從他身邊奪走的人生意義。

案例的後續發展就是，孩子們逐漸跟隨姊姊的腳步投向父親的懷抱。就心理學的角度來看，其實父親濫用了女兒們的情緒。

評鑑時可以看出，父親的生活表現趨於穩定，同時也有了交往的新對象。其悲劇性的關鍵點在於：原本可以更適當、更有能力地教育孩子的母親挨了一記悶棍，因為父親與他的新歡能夠「提供」孩子們一個全新且完整的家。

在這類案件中，孩子接掌了「支援輔助的責任」，以及擔任代理母親的角色，換句話說，孩子為他們的家長承接了父母應盡的責任。而孩子面臨的兩難局面，往往是因為他們心中衍生出極深的罪惡感。然而，在個別案例中卻很難去權衡，當這種支援輔助的責任出現，孩子可以接受到什麼的程度，或者兒童福祉是否受到危害。

如前所述，孩子在父母分居或離異時經常會認為，父母的關係破裂都是他們的錯，換言之，他們會認為是因為自己在過去的日子裡，不夠乖巧或聽話，才會害父母離婚。因此，這些孩子會嘗試做好每件事來迎合父母的喜好，並且極力將事情做到「百分之一百二十」的完美，導致孩子刻意壓抑過去那些具侵略性的表象，出現迎合以及犧牲自我的情況，也就是說，這些孩子為了拯救父母之間的危機，將自己獻身於「祭壇」上！有鑑於此，父母在離婚的過程中，應該提供孩子正確的訊息，別讓孩子產生自責心理。

假如孩子為了保護或支持父母一方，而接管父母在監護以及照顧子女上應負的責任，那麼他們心裡可能也會出現罪惡感。當孩子為了在父母一方的面前化解內心衍生出的罪惡感，他們會不公平地對待父母另一方，而出現「倒戈」以及「換陣線」的現象。

傷心案例

我不想再見到爸爸／媽媽

一名十四歲的女孩佳佳寫給她父親一封信，表示她不想再看到她的父親，而且已有一年半的時間不再與他聯繫，因此，她的父親將此事訴諸法律，要求與她會面往來。佳佳的母親拒絕與她的前夫待在一間房間裡，因爲她懷疑他曾性侵年紀比女兒佳佳小兩歲的女兒。不過，小女兒與姊姊相反，她並不會排斥父親。事實上，以往佳佳總覺得自己被父親忽略了，她一直認爲父親對妹妹比較好。由這一點可以得知，這份對父親的排斥、憎恨與絕望的表象，同時也是針對父親較於關愛妹妹的反應。以下是信件內容：

「我只想簡單地跟你說幾句話：第一、我不知道已經說過幾遍了，我不想在私人生活裡再看到你！第二、謝謝你在我生日的時候，給我五塊還是十塊錢。你這個大混蛋！以前，你限制了我的生活，現在卻想用五塊或十塊錢的卡片來打發我。很抱歉，你向別人所描述的話都是胡扯的，就連白痴都知道你在說謊。喔，對啦！你那可愛又善解人意的小女兒，或許她可以接受回到你身邊，和你一起生活！」

你以前女兒佳佳

什麼是「父母親疏離症候群」？

由前面的傷心案例可以觀察到，許多孩子極不願意與父母一方有任何通訊往來、並且拒收聖誕禮物以及生日禮物，甚至拒絕接受來自於父母一方的信件和言語上的溝通。

美國精神科專家在一九八五年發表了所謂的「**父母親疏離症候群**」，縮寫為「PAS」。

貼心補給站

父母親疏離症候群：因為監護權之爭而出現的心理障礙，主要是指孩子無故表現出抗拒父親或母親的態度與行為。而這種行為來自於父母一方的打壓或洗腦，使孩子在內心詆毀父母另一方，並出現敵對態度。

倘若是一樁真正的虐待孩子事件，或是父母疏於照料孩子，那麼孩子將因此懷恨在心，而在這種情況下，即不符合所謂的「父母親疏離症候群」。

假如家長遇到這種狀況，可以藉由孩子的行為態度，根據「父母親疏離症候群」的嚴重程度作出診斷，總共分為輕度、中強度以及強度三種。以下列症狀出現的多寡與嚴重程度作為判斷標準：將毀謗、侮蔑視為合理化；對同一人事物的矛盾情感；失去自我獨立思考的能力；當父母發生口角時，突然支持漸漸疏離的父母一方以及失去知覺、毫無罪惡感等。

過去幾年裡，學術界中掀起了一波討論熱潮，主題是：「父母親疏離症候群」作為診斷標準的合理性，或它是否應該在與父母雙方的爭論中，成為一種強而有力的攻擊性武器，而使孩子與受排斥的家長之間無法進行順利的聯繫。不過，也有人認為：「父母親疏離症候群」不能做為診斷的標準。

關於「父母親疏離症候群」的描述，無法區分由真實恐懼所引發的反應、抵抗機制以及行為方式之間的差異性。前述的症狀正是所謂的「**父母親譴責症候群**」，而這是在多數案例中出現的控訴以及指摘症候群。

父母親譴責症候群：所謂的父母親譴責症候群，意指孩子從內心深處埋怨父母所表現出來的行為態度。

對「父母親疏離症候群」存疑的說法是：排斥父母一方的孩子被另一方「**洗腦**」，等於是間接給予孩子一套帶有父母一方負面眼光的「**程式資料庫**」。

貼心補給站

「洗腦」與「程式資料庫」：前述的兩種專有名詞，是軍醫在韓戰時期所提及的「洗腦」與「程式資料庫」，或是在宗教上，一些深奧的對話中，各教派專家也會使用「洗腦」以及「程式資料庫」這兩個詞彙。

無論如何，重點是孩子受到嚴重的負面影響、並產生恐懼不安之情以及對父母的指責之意，並且將他們依賴的人之想法深深地植入心中，然而，人們往往會忽略，孩子也可能因為父母一方而體驗過不好的經驗，因此，才會強烈地排斥或拒絕他們。

但是父母一方的暴力行為在孩子心中留下的記憶，可能因時間的流逝而被扭曲，這一點應該要特別留心。如前所述，假如孩子心中強烈的忠誠度衝突，已經累積到忍無可忍的地步，甚至產生將整個人撕裂的威脅感時，孩子往往會突然表明令人驚愕的極端立場。

事實上，強烈的排斥是一種保護機制，目的是為了使精神不受到傷害，換言之，當孩子對父母一方表現出強烈的排斥感，其實是一種精神抵禦的作用，為的是不讓自己在忠誠度衝突的漩渦裡沉淪下去，因此對父母一方的態度頓時出現了攻擊性，導致所謂的「父母親疏離症候群」，並強烈地排斥父親或母親的看望。

假如孩子尚未進入青春期，或已超過十四歲，對於和父母另一方的聯繫一事產生強烈的反彈時，千萬別強迫他們。

一般來說，孩子與父母另一方會面或聯繫等事宜，已經不能硬性規定他們了，除非動用武力，不過，當父母與子女會面時，千萬嚴禁使用暴力。

從兒童暨青少年精神病的角度來看，當孩子對父母另一方出現強烈的負面評價時，其實相當危險。倘若青春期後期的孩子們離開了與其同住的父母一方，那麼這段期間的狀況往往更加複雜，因為他們缺乏失去聯繫家長的支持。不過，有些個案卻會出現一百八十度的轉變：目前看來極為理想的父母一方人格被孩子貶損，便投奔另一個曾被他們憎恨的家長。

而遭受打擊的父母一方，必須沉痛地目睹他們的孩子強烈地拒絕與他們往來，他們甚至因此放棄對子女的探視權，並且不再堅持與子女的會面。

然而，在這種情況下，家長必須向孩子清楚說明：其實該父母一方所申請的「與子女聯繫請求書」已獲得支持，但是這些父親或母親不該將心門鎖上，而應該將訊息傳達出去，表明他們目前雖然處於排斥狀態，但是已經準備好要進行溝通，並且很開心彼此再度聯繫。

去探望爸爸／媽媽時，我覺得很焦躁

傷心案例

五歲的亞馨與小她一歲的弟弟和媽媽住在一起，他們每隔兩個禮拜要去探望爸爸和奶奶一次。

爸爸與媽媽之間存在著高度的緊張氣氛，而且爸爸爲了要監視媽媽，在分居後期階段，他總是開車送她回家，卻讓媽媽產生被跟蹤的感覺。

媽媽說：「亞馨要去爸爸和奶奶家之前總是會尿床，不然就是一整晚都睡不著。」週末去接亞馨的奶奶也說：「孩子們起先什麼東西都不想吃，整個人看起來非常浮躁不安，第二天他們的情況就好多了。當星期天要回去的時候，他們會說：『我要留在這裡，我不要回媽媽那裡』。」

由於爸爸和媽媽之間的關係相當緊繃，於是便由奶奶將孩子交還給媽媽，送孫子回去時，奶奶在那裡稍微觀察了一下，她發現孩子們根本沒和媽媽打招呼，很快地走進房間，並且關上門；同樣的，媽媽也沒有理會他們。媽媽解釋，因爲孩子第二天在幼稚園的表現實在太怪異了，因此老師跟她談了一下，最後他們猜想，應該是和孩子去爸爸那裡有關。

什麼是「探視權症候群」

這個傷心案例的後續發展是，爸爸和奶奶都認為，在見面前，孩子還沒做好會面的心理準備，因為他們之間需要一段時間才會熱絡了起來，然後孩子會在那裡度過一段愉快的時光，他們可以感覺到孩子不想再回去媽媽家。

然而，媽媽在孩子回家後十分確定，孩子的心情糟透了，因為他們根本沒有和奶奶好好地告別。雖然第二天孩子在幼稚園的反應還是很奇怪，但是為了讓孩子的心情先平靜下來，於是母親先默許孩子的作法，而這種行為正是典型的「探視權症候群」。

在外界的討論中，有一項獨特、仍鮮為人知，關於年幼小孩的異常行為，這種異常行為最常發生在幼稚園的小朋友身上，即所謂的「探視權症候群」。此症候群指的是孩子在探視權的範圍下，面對父母雙方所陷入的一場忠誠度衝突，而產生的種種現象。以下是筆者曾經聽過的家長說法：

擁有**監護權**的父母一方說：「孩子實在不喜歡去探視另外一方。距離探視的日子越近，孩子的心情越混亂。有時候，孩子會反應在睡眠品質變差或食慾不振上；有時候，孩子明顯表現出抗拒或逃避去探視另一方父母，甚至因此跑出家門。假如孩子此時探視父母另一方，他們的心境會變得非常急躁不安，而且容易動怒。」

貼心補給站

監護權：法律上，為保護受監護人的身體及財產為目的，使一定之人擔任監督保護職務之制度，並使監護人管理受監護人的財產，以及代理其財產上之行為。

擁有**探視權**的父母一方則說：「當孩子來找我的時候，他顯得相當緊張、易怒，而剛開始會很難相處，後來變得比較穩定，我們會一起度過一段快樂的時光。可是當探視的日子快要結束時，孩子的壓力明顯地越來越大，他不想回家，而想待在這裡。等到該離開的時候，他的心情又會再度跌到谷底，並且變得相當惱怒。」

貼心補給站

探視權：夫妻離婚後，沒有擔任監護人的一方，對未成年子女，可以要求探視。法院得依請求或依職權訂定與未成年子女會面交往之方式及期間。

擁有監護權的父母一方又說：「當孩子探視完回來後，他的心情實在糟透了，而且深居簡出，過了幾天以後，才會恢復正常。所以，探視父母的規定導致孩子的行為異

常，應該要廢除才對。」

擁有探視權的父母一方的結論是：「擁有監護權的一方因為沒有能力為孩子的探視做好準備，所以探視父母的規定權限應該要擴大才對！」

由前述的論點可以看的出來：父母雙方都沒有站在孩子的角度來思考。其實孩子已經盡可能地適應父母雙方，假如他和父親在一起，他會以父親的角度去想，並開始覺得他喜歡的是父親而不是母親，反之亦然。

此外，孩子也會經常透露關於父母雙方一些並非真實的事，換句話說，在情急之下，孩子會隱藏事情的真相，並且在不造成任何罪惡感的情況下撒謊，但是父母通常都認為他們的孩子不會說謊，進而相信孩子的單方說詞。由此可知，父母雙方經常因為誤會而出現互相指控，並衍生的巨大衝突。

大多數的家長都堅信，只要站在孩子的身邊支持他，孩子一定會滿足自己的期許。然而，學齡前的兒童，或是七、八歲的孩子，幾乎不可能與他們所依賴的父母抱持不同想法。孩子被迫接受父母一方的想法與看事情的角度，有時甚至否定他們曾經說過的想法，因此，擁有探視權的家長會認為，孩子之所以變成這樣，是因為對方不斷地給予孩子負面的影響。

假如孩子出現了「探視權症候群」，父母親必須了解：無論是父母哪一方，都有照顧孩子的權利，並且擁有正確的教養觀。雖然父母可能難以接受，孩子在情急時會說謊的真相，但是釐清孩子遭遇的困境，並且了解導致孩子異常行為的原因後，對某些父母而言，多少會感到如釋重負。

為了減輕孩子受到「不斷地更換地點以及短暫停留」等痛苦，並且避免造成孩子的負擔，必須在孩子出現「探視權症候群」之前控制探視的頻率。而借助權威性的第三人，來減輕存在於父母間潛在的衝突。因為「探視權症候群」出現的徵兆是由於父母間的敵意與對峙所衍生而來的。

假如「探視權症候群」出現的症狀不明顯，大致上，孩子會朝兩個方向發展，一是無意識的侵略傾向，意思是孩子在探視前後期間的反應會受到心理和精神影響，引發一些具攻擊性的行為。比方說，他們會咬傷自己的嘴脣或手臂，或者撕裂指甲縫至流血等行為；另外一個發展是，假如忠誠度衝突在孩子的心裡造成過大的壓力，當孩子再也無法忍受時，孩子會完全支持父母其中的某一方。這也是孩子的一種保護機制，然而，擁有探視權的父母一方在完全不了解狀況時，往往將孩子的奇特行徑解釋為「父母親疏離症候群」。

爸爸／媽媽的肢體動作讓我不舒服！

傷心案例

十三歲的雪兒與十二歲的星甫，其父母在他們五、六歲的時候，就分居了。分居期間，父親爲了與孩子維持良好的互動關係，主動放棄子女的監護權。幾年之後，兩個孩子早已不與父親往來，原因是當他們見到爸爸時，肚子以及頭就會開始疼痛。母親告訴評鑑人員，兒子不想再見到爸爸，因爲他的行爲總是帶著性暗示，例如：週末與父親會面時，兒子會與一絲不掛的父親睡在同一張床上，有時感覺父親似乎在觸摸他的生殖器，兒子對此感到噁心，所以他不想再見到父親。

同時，星甫也對評鑑人員說，他覺得跟爸爸在一起時，感覺很不舒服，只要一想起爸爸，肚子以及頭就開始痛起來。以前，爸爸總會在浴缸裡跟他玩尋找寶藏的遊戲，而他得當著爸爸的面裸體，並且在浴缸裡找棋子。

有一次深夜，因爲他的腳後跟碰到了爸爸的睪丸而驚醒。此時父親問他，是否做了什麼讓他覺得痛苦時，星甫回答：「我不知道。」於是，他收起了他的腳，然後轉過身去。一不小心，他的腳又碰到了爸爸的睪丸，這時父親說了一句：「不要鬧了！」從此之後，星甫對於探視期間必須和爸爸同睡一張床，感到很害怕。

性侵害疑雲

案例中的母親在會談裡提到，前一段時間，孩子與父親還有聯繫時，本來就希望他的前夫別再打擾他們母子三人。因為她感覺，孩子跟父親之間一定發生了什麼不可告人的事，不然她不會說出孩子們對父親強烈的恐懼感。

其實母親本身也相當厭惡她的父親，她的父親不僅觸摸她，甚至還毆打她。十七歲時，父母分居；十八歲，父母就離婚。一直到二十一歲，她才與父親再度聯繫。剛開始，一切都還算不錯，但在第二次、第三次會面時，噁心與不快之感從她心裡不斷地湧現：印象中，有一次與父親通電話，父親竟然要求她幫他「解決生理需求」，這件事使她再也不想聯絡父親。

因此，她猜測前夫與她的兒子間一定發生了性侵害，或是受到來自於父親造成的極大壓力。從這個例子可以明顯看出，母親將自己對於父親的恐懼以及厭惡感投射到孩子們的身上。

從一九八〇年代開始，在家事法庭訴訟程序內，尤其在監護權及探視權之爭裡，不僅公開地對性侵害有所譴責，在學術界中也逐漸地為人所熟知。

在《明鏡》雜誌裡，有一篇社論也提及了這個話題，主題為《每個男人都會對孩童性騷擾？性侵案之審判》，在當時引起了極大的討論。

根據研究顯示，以往關於**性侵害**的譴責，在監護權及探視權的案件中，占了十％到

十五%，而在八〇年代，這項譴責每二到三年才一宗。不過，此類案件中，未被證實的比例占七十%到八十五%。

貼心補給站

性侵害：凡是涉及性的含意之行為，均被視為性侵害，嚴重的性侵害行為包括性器官接觸、性猥褻等，而展示色情圖片、口語上的性騷擾、強迫觀賞色情影片、不斷撫摸女（男）性身體、窺視等，都屬於性侵害的範圍。

一般的「父母親疏離症候群」事件裡，有超過九十%的父母是為了抹黑另一半而誣告對方，藉此讓孩子疏遠對方。而有部分的學者則認為，在性侵害疑雲中，即使家長只是濫用孩子因父母離婚所產生的忠誠度衝突，以及依賴感等情緒，讓孩子置身在那些可能遭遇性侵害的場所，依然相當的危險。因此，與其找尋事實真相的問題點，不如為孩子及父母尋求真正的支持與協助。

根據監護權及探視權評鑑書的調查，與追溯既往的分析書顯示出，性侵疑雲事件的比例有逐年上升的趨勢，這些譴責聲浪中約有七十%將苗頭指向父親，十%則是針對母親，另外有二十%的案件是針對與接受調查的孩子有關的男性（如親戚朋友中的男性）。

在評鑑書中所有性侵害案件的譴責裡，約有三分之一被評為可能符合實際狀況，然而，也有三分之二的案件則被認為是不可能，且沒有根據。

因此，從評鑑人員的角度來看，擁有監護權及探視權的嫌疑家長，其比例占所有案件的三分之一，而其中約有二十五％，在一定的條件下，是有可能發生的；有三十五％則不予考慮。與此事有關聯的孩子，年紀約在四個月到十歲之間，男孩與女孩的比例則是四十二％比五十八％。

當孩子遭受性侵害之後，往往沒有明顯且可供證實的異常行為及反應。而可疑的徵兆則顯示在與年齡不符的性行為異常、受心理或精神影響所引起的障礙、沉淪在幻想與不切實際的世界中、憂鬱沮喪、具侵略性、破壞性行為以及情緒感知的退卻萎縮等現象。

在這項調查實驗中，得到的結果是：許多孩童與疑似犯案的父母一方保持良好的互動關係，或是在態度上表現中立，但仍與父母雙方維持和平的關係，而其餘的孩童則表現出拒絕或矛盾的心理態度。

假如出現了性侵害疑雲，必須端看其中牽涉到所謂的「肢體接觸上的過失」，還是「非肢體接觸上的過失」，其定義如下：

「肢體接觸上的過失」指：

1. 為了性刺激而強迫孩子。

2.經常性的撫摸、親吻以及觸碰。
3.男性在與孩子身體接觸或幫孩子沐浴時，陰莖勃起。
4.孩子過了青春期之後，仍與其同眠。
5.兒童色情錄影帶的製作。
6.口腔、肛門或陰道的侵入。

「非肢體接觸上的過失」指的是裸露的濫用：

1.暗中偷窺孩童。
2.在孩子面前展示色情圖像。
3.在孩子面前展示其勃起之性器官。

在鑑定分析資料中顯示，疑似犯案方之性功能障礙現象，為無犯案嫌疑方的兩倍。大多數的疑似犯案方堅決否認犯下性侵害之行為（七十一％），然而，在疑似犯案方中，有五十九％被證實性侵過孩童。

提出譴責之家長方就性侵疑雲，分別針對疑似犯案方、孩子的額外治療或訴諸法律途徑等方面，以斷絕往來或限制往來次數的方式作出回應，不過，卻有五分之一的父母，未對此事採取任何行動。

＊孩子是否受到性侵害——性侵害的徵兆

時常有父母一方質疑他們的伴侶對孩子做出疑似性侵害的舉動，同樣地，性侵一事也會出現在離婚後的家庭生活，而且出現的頻率比一般家庭還要高。

在離婚後，仍會出現這些質疑的原因是，當丈夫尚未找到新伴侶時，前妻會詢問前夫如何解決他的生理需求。假如前妻本身在孩提時代曾經遭受類似的性侵害，那些不堪的過去可能會投射到前夫以及孩子身上。

通常可以由情緒和行為上的異常徵兆來判斷孩子是否遭受性虐待，例如：突發性的情緒不穩定、社會行為的退步、拒絕與人往來、突發性的侵略行動、不合群、帶有色情字眼的語言或行為、學校成績明顯落後、學習態度時好時壞、逃家、折磨或虐待其他孩子及動物、害怕、恐懼症、睡眠障礙、作惡夢、再度出現尿床的現象、隨處大小便，再加上飲食、語言及呼吸障礙以及頭部、腹部、下體疼痛等特徵。

然而，即使出現這些症狀，並不代表孩子遭受性虐待或性侵害的事實，因為這些現象可能衍生自孩子的其他問題，所以當孩子出現這些狀況時，對大人來說，反而更難以判定，假如一方提出了疑點，但是罪證不足的話，勢必會加深夫妻雙方的誤會。倘若真有性侵一事，那麼家長必須要堅持到底，並了結此事，在會面的方式上，可以全程陪伴與不過夜的方式來進行。

即便在孩子的生殖器或肛門部位有異物入侵的跡象，往往無法明確且有力地證實是否發生性侵害，只能算是高度的質疑。因為這些跡象可能是其他原因導致，而非遭受性虐待；相反地，假如在孩子的生殖器或肛門部位採集到精液或性病病原體時（例如：淋球菌），情況就很明顯了。

若是經由婦科檢驗，在孩子的生殖器或肛門部位找到下列證據時，就表示孩子極有可能受到性侵害：

1.女孩：異常分泌物、陰道紅腫、尿道口腫脹、上小號時感到疼痛、血尿、陰道流血、陰道口裂開、訴說陰部的疼痛以及走路時雙腿張開等。

2.男孩：生殖器疼痛，尤其是陰莖、上小號時感到疼痛、陰莖發紅腫脹、瘀血及擦傷、有勒痕的記號以及咬痕等、肛門處排便時感到疼痛、走路時雙腿張開、疾病性的便祕、異常分泌物、紅腫、疼痛、肉瘤、過多的靜脈組織（痔）以及肛門裂開等。

然而，這些被認為足以當成性虐待證據的蛛絲馬跡，也可能只是一場「無傷大雅的誤會」，由以下的案例可以得知：

一位兩歲半的女孩，在一次週末會面時，從與母親分居的父親住處回到母親身邊，女孩主動將她的手放在鼠蹊部位，同時說了一句「爸爸痛痛」。此時，母親並未在孩子身上求證，便懷疑女兒被她的父親性侵了。於是這位母親求助於婦科，經過醫師的診斷，並沒有症狀顯示孩子遭到性侵害，單就孩子的說詞，僅屬於高度懷疑罷了。

最後事情得到了澄清，原來父親在十天前動了鼠蹊部位的手術，當時女兒主動表示要坐到父親的大腿上，希望父親唸故事書給她聽，而父親卻告訴她，不能坐到他大腿上，因為他現在那裡「痛痛」，當時他一邊說這句話，一邊用手指著他的鼠蹊部。

*性侵害的界定

在我們的社會裡，針對還算正常、介於邊緣，或是被認定為性侵害的界定有相當大的空間，對許多家庭而言，父親或母親與小孩一同泡澡，並不代表具有性暗示。然而，這種行為是否該持續到青春期前期或剛進入青春期的階段，對父母而言，的確是個難題。在台灣，許多父母認為，父親與女兒或母親與兒子共浴的行為相當不適宜，而關鍵的問題點在於，是否同樣適用於不同國情的**男女共浴**行為？

貼心補給站

男女共浴：男女共浴的社會風俗在日本源遠流長，全家人通常會一起裸體共浴，這是因為日本人將性與肉體分開來看待。而在土耳其人的眼中，浴池是真主的聖地，在真主的聖地清洗身體，不應該帶有任何的顧忌與邪念。

其他「灰色地帶」的案例像是無法入眠、感到害怕或生病的孩子，可能時常與父母親同睡。

一般來說，假如父母的婚姻關係正常，而且孩子還沒進入青春期，家長雙方都會允許這類事情。若父母已經分居，而年約十歲的女兒卻說：週末她和父親睡在同一張床上，就比較不適當。就雙方而言，這件事情可能無傷大雅，也可能被視為踰越界限的開端。

在另一位十七歲少女的案例中，能夠明顯地看出人們對此事不同的態度。女孩的父母分居，所以每隔兩個禮拜，她會前往父親在分居後搬進的單人套房住。房子裡只有一張法式雙人床，而且每隔兩週，父親新交的女朋友也會去找他。但是，當治療師在一場診療會談詢問她：「跟自己的父親睡同一張床，這樣正常嗎？」女孩感到非常生氣。因為不僅是父親，連她的母親都沒有任何異議，反而對於治療師的詢問感到驚訝不已。

＊提出性侵害指控的原因

一份關於兒童暨青少年精神科所做的調查中，描述了父母分居時可能會發生的狀況，而這些情況，往往會引發一場性侵害的譴責聲浪：

1. 需求聯想的轉移：

被指控性侵的父母一方，的確將性需求的幻想，從夫或妻轉移至孩子身上。此時，孩子被視為伴侶的替代品或安慰劑等。他們可能會對孩子做出各種性接觸，以彌補父母一方的性功能障礙及內心沮喪之憾。

2.亂倫式的家庭：

在這類型的家庭裡，通常父母兩人早在分居前，就與孩子有性方面的接觸，他們沒有拿捏好彼此間該有的適當距離。因此，不斷地上演父母侵犯孩子的戲碼。

3.自身性障礙的投射：

指控他人性侵的一方，往往將自身性功能障礙投射到另一半身上。他們認為另一半會對孩子伸出魔爪，無節制地發展其變態行為。然而，部分案件中，此種投射作用，很明顯地會促使控訴者與另一半分開或保持距離。事實上，此種投射心態，對控訴者來說，具有強烈的減輕負擔（像是履行夫妻性行為）之功能與意義。

＊性侵害假控訴的判定

在一段夫妻關係裡，母親通常會認為自己是性方面的受害者，在離婚後，通常會將以往所受的痛苦投射到孩子身上。而此時，孩子是否真的成為性侵害下的受害者，其實並不重要。

對於性侵害事件的譴責，不僅出現在正常家庭中，離異後的家庭也會出現這種情形或譴責，卻無法獲得證實，也可能是其中一方企圖挑撥前夫（或前妻）與孩子的關係，或為了對另一半進行復仇手段而當作「戰略利器」來使用。

這種無理的指控，意味著家長濫用孩子的情緒，同時，也證明了「家庭暴力浮在檯面上的次數愈頻繁，假控訴的數字比例也愈高」。

有鑑於此，疑似性侵的事件，必須相當謹慎地處理，並且要避免對孩子提出誘導或逼迫性的問題。因為年紀越小的孩子，在具誘導或逼迫性的問題上，會完全不考慮事情的真實性，而選擇快速地附和。

多數家庭醫師、兒科醫師，以及青少年兒童福利局社工人員知道，許多性侵事件可能毫無根據。因此，就兒童福利的層面來看，應該適時地與父母進行溝通。而疑似性侵的指控，也不能成為會面往來的障礙，所以，當孩子與被指控者會面往來時，或許以「第三人陪伴性質的探視」之形式來進行，比較公平合理。

離婚法律一點通

Q1 當沒有監護權的父母一方，在探視孩子後，未將孩子送回；或在非探視時間，未知會另一方，便將孩子帶走，這樣的行為必須負法律責任嗎？

蔡家豪律師：

有監護權之一方可向法院起訴請求他方，需將孩子交付給擁有監護權之一方，若讀者需要參考相關案例，可以上司法院網站查詢民事裁判書之臺灣士林地方法院——94年度親字第56號。

參考法條：

民法　第1055條	夫妻離婚者，對於未成年子女權利義務之行使或負擔，依協議由一方或雙方共同任之。未為協議或協議不成者，法院得依夫妻之一方、主管機關、社會福利機構或其他利害關係人之請求或依職權酌定之。 前項協議不利於子女者，法院得依主管機關、社會福利機構或其他利害關係人之請求或依職權為子女之利益改

定之。

行使、負擔權利義務之一方未盡保護教養之義務或對未成年子女有不利之情事者，他方、未成年子女、主管機關、社會福利機構或其他利害關係人得為子女之利益，請求法院改定之。

前三項情形，法院得依請求或依職權，為子女之利益酌定權利義務行使負擔之內容及方法。法院得依請求或依職權，為未行使或負擔權利義務之一方酌定其與未成年子女會面交往之方式及期間。但其會面交往有妨害子女之利益者，法院得依請求或依職權變更之。

民法 第1055-1條

法院為前條裁判時，應依子女之最佳利益，審酌一切情狀，參考社工人員之訪視報告，尤應注意左列事項：

一、子女之年齡、性別、人數及健康情形。

二、子女之意願及人格發展之需要。

三、父母之年齡、職業、品行、健康情形、經濟能力及生活狀況。

四、父母保護教養子女之意願及態度。

五、父母子女間或未成年子女與其他共同生活之人間之感情狀況。

沒有監護權的一方，親權是暫時不能行使的，只有探視的權利。

民法　第1055-2條

父母均不適合行使權利時，法院應依子女之最佳利益並審酌前條各款事項，選定適當之人為子女之監護人，並指定監護之方法、命其父母負擔扶養費用及其方式。

Q2 若是提出性侵害的假控訴，需要負起法律責任嗎？

蔡家豪律師：

如果父母為了爭奪孩子的監護權而教唆孩子，或是自行向司法單位提出性侵害之告訴、告發，可能涉犯刑法誣告罪。

參考法條：

刑法　第169條

意圖他人受刑事或懲戒處分，向該管公務員誣告者，處七年以下有期徒刑。

意圖他人受刑事或懲戒處分，而偽造、變造證據，或使用偽造、變造之證據者，亦同。

刑法　第171條

未指定犯人，而向該管公務員誣告犯罪者，處一年以下有期徒刑、拘役或三百元以下罰金。

未指定犯人，而偽造、變造犯罪證據，或使用偽造、變造之犯罪證據，致開始刑事訴訟程序者，亦同。

Q3 當有探視權的父母一方被控訴有性侵孩子的嫌疑時，在判決尚未確定之時，是否會禁止被控訴的一方行使探視權？

蔡家豪律師：

此時監護權之一方應依民法第1055條第五項但書，向法院請求變更之，請求法院先行變更，將疑似有性侵害之一方探視權先行停止，以免對於孩子的侵害擴大，另依兒童及少年福利法第三十條及第三十六條、第四十八條之規定，直轄市、縣（市）之主管機關應予緊急保護、安置或為其他必要之處置。

參考法條：

民法 第1055條

夫妻離婚者，對於未成年子女權利義務之行使或負擔，依協議由一方或雙方共同任之。未為協議或協議不成者，法院得依夫妻之一方、主管機關、社會福利機構或其他利害關係人之請求或依職權酌定之。

在判決過程中，法院可能會禁止被告探視孩子，或要求探視時有人監督。

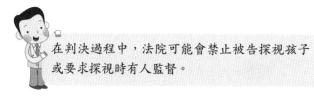

前項協議不利於子女者，法院得依主管機關、社會福利機構或其他利害關係人之請求或依職權為子女之利益改定之。

行使、負擔權利義務之一方未盡保護教養之義務或對未成年子女有不利之情事者，他方、未成年子女、主管機關、社會福利機構或其他利害關係人得為子女之利益，請求法院改定之。

前三項情形，法院得依請求或依職權，為子女之利益酌定權利義務行使負擔之內容及方法。法院得依請求或依職權，為未行使或負擔權利義務之一方酌定其與未成年子女會面交往之方式及期間。但其會面交往有妨害子女之利益者，法院得依請求或依職權變更之。

兒童及少年福利法
第30條

任何人對於兒童及少年不得有下列行為：

一、遺棄。
二、身心虐待。
三、利用兒童及少年從事有害健康等危害性活動或欺騙之行為。
四、利用身心障礙或特殊形體兒童及少年供人參觀。
五、利用兒童及少年行乞。
六、剝奪或妨礙兒童及少年接受國民教育之機會。

Q4 台灣的法律中，有關於兒童性侵害的相關法令嗎？哪些行為會構成兒童性侵害呢？

七、強迫兒童及少年婚嫁。

八、拐騙、綁架、買賣、質押兒童及少年，或以兒童及少年為擔保之行為

九、強迫、引誘、容留或媒介兒童及少年為猥褻行為或性交。

一〇、供應兒童及少年刀械、槍、彈藥或其他危險物品。

一一、利用兒童及少年拍攝或錄製暴力、猥褻、色情或其他有害兒童及少年身心發展之出版品、圖畫、錄影帶、錄音帶、影片、光碟、磁片、電子訊號、遊戲軟體、網際網路或其他物品。

一二、違反媒體分級辦法，對兒童及少年提供或播送有害其身心發展之出版品、圖畫、錄影帶、影片、光碟、電子訊號、網際網路或其他物品。

一三、帶領或誘使兒童及少年進入有礙其身心健康之場所。

一四、其他對兒童及少年或利用兒童及少年犯罪或為不正當之行為。

在不明的狀況下，法院通常會先認同孩子的說詞，以保護孩子不會繼續受到傷害。

蔡家豪律師：

主要是規範在刑法第十六章妨害性自主罪章以下各條文，對於未滿十四歲之男女犯強制性交罪者，可處七年以上有期徒刑。就行為的型態而言，可分為強制違反其意願與未違反其意願之情況，就年齡而言，可再區分為，倘兒童係七歲以上未滿十四歲者，與行為人合意而為性交，該行為人應論以刑法第二百二十七條第一項之對於未滿十四歲之男女為性交罪。

如行為人對七歲以上未滿十四歲之兒童非合意而為性交，或兒童係未滿七歲者，行為人均應論以刑法第二百二十二條第一項第二款之加重違反意願性交罪，另外，如果沒有符合刑法性交之定義，亦可能成立猥褻，對於兒童施以違反其意願或未違反其意願之猥褻，亦為刑法處罰之行為。

參考法條：

十四歲以上，未滿十六歲	使用強制力性交→第221條 使用強制力猥褻→第224條 未使用強制力（得其同意）性交→刑法第227條第三項 未使用強制力（得其同意）猥褻→刑法第227條第四項

七歲以上，未滿十四歲	使用強制力性交→第222條 使用強制力猥褻→第224-1條 未使用強制力（得其同意）性交→刑法第227條第一項 未使用強制力（得其同意）猥褻→刑法第227條第二項
未滿七歲	一律論以刑法第222條、刑法第224-1條（最高法院九十九年第七次刑庭決議參照）
兒童及少年福利法第30條	任何人對於兒童及少年不得有下列行為： 一、遺棄。 二、身心虐待。 三、利用兒童及少年從事有害健康等危害性活動或欺騙之行為。 四、利用身心障礙或特殊形體兒童及少年供人參觀。 五、利用兒童及少年行乞。 六、剝奪或妨礙兒童及少年接受國民教育之機會。 七、強迫兒童及少年婚嫁。 八、拐騙、綁架、買賣、質押兒童及少年，或以兒童及少年為擔保之行為 九、強迫、引誘、容留或媒介兒童及少年為猥褻行為或性交。

性侵害的定義，一般來說就是強姦，也就是在違反他人性自主權的情況下發生的性交行為。

一〇、供應兒童及少年刀械、槍、彈藥或其他危險物品。

一一、利用兒童及少年拍攝或錄製暴力、猥褻、色情或其他有害兒童及少年身心發展之出版品、圖畫、錄影帶、錄音帶、影片、光碟、磁片、電子訊號、遊戲軟體、網際網路或其他物品。

一二、違反媒體分級辦法，對兒童及少年提供或播送有害其身心發展之出版品、圖畫、錄影帶、影片、光碟、電子訊號、網際網路或其他物品。

一三、帶領或誘使兒童及少年進入有礙其身心健康之場所。

一四、其他對兒童及少年或利用兒童及少年犯罪或為不正當之行為。

兒童及少年福利法
第36條

兒童及少年有下列各款情形之一，非立即給予保護、安置或為其他處置，其生命、身體或自由有立即之危險或有危險之虞者，直轄市、縣（市）主管機關應予緊急保護、安置或為其他必要之處置：

一、兒童及少年未受適當之養育或照顧。

二、兒童及少年有立即接受診治之必要，而未就醫者。

三、兒童及少年遭遺棄、身心虐待、買賣、質押，被強迫或引誘從事不正當之行為或工作者。

四、兒童及少年遭受其他迫害，非立即安置難以有效保護者。

直轄市、縣（市）主管機關為前項緊急保護、安置或為其他必要之處置時，得請求檢察官或當地警察機關協助之。

第一項兒童及少年之安置，直轄市、縣（市）主管機關得辦理家庭寄養、交付適當之兒童及少年福利機構或其他安置機構教養之。

兒童及少年福利法

第48條

父母或監護人對兒童及少年疏於保護、照顧情節嚴重，或有第三十條、第三十六條第一項各款行為，或未禁止兒童及少年施用毒品、非法施用管制藥品者，兒童及少年或其最近尊親屬、主管機關、兒童及少年福利機構或其他利害關係人，得聲請法院宣告停止其親權或監護權之全部或一部，或另行選定或改定監護人；對於養父母，並得聲請法院宣告終止其收養關係。

法院依前項規定選定或改定監護人時，得指定主管機關、兒童及少年福利機構之負責人或其他適當之人為兒童及少年之監護人，並得指定監護方法、命其父母、原監護人或其他扶養義務人交付子女、支付選定或改定監護人相當之扶養費用及報酬、命為其他必要處分或訂定必要事項。前項裁定，得為執行名義。

未經他人同意或與未成年者發生肛交、口交等行為，都算性侵害。

刑法 第221條

對於男女以強暴、脅迫、恐嚇、催眠術或其他違反其意願之方法而為性交者，處三年以上十年以下有期徒刑。

前項之未遂犯罰之。

刑法 第224條

對於男女以強暴、脅迫、恐嚇、催眠術或其他違反其意願之方法，而為猥褻之行為者，處六月以上五年以下有期徒刑。

刑法 第224-1條

犯前條之罪而有第二百二十二條第一項各款情形之一者，處三年以上十年以下有期徒刑。

刑法 第227條

對於未滿十四歲之男女為性交者，處三年以上十年以下有期徒刑。

對於未滿十四歲之男女為猥褻之行為者，處六月以上五年以下有期徒刑。

對於十四歲以上未滿十六歲之男女為性交者，處七年以下有期徒刑。

對於十四歲以上未滿十六歲之男女為猥褻之行為者，處三年以下有期徒刑。

第一項、第三項之未遂犯罰之。

Q5 當家庭內發生了兒童性侵害的疑雲時，有什麼方法可以保護孩子？

蔡家豪律師：

應保全相關物證，並且立刻向警局報案，請求檢調單位進行犯罪調查，亦可請求直轄市、縣（市）之主管機關（家庭暴力暨性侵害防治中心）應予緊急保護、安置或為其他必要之處置。

我國對待兒童性侵害案件，法院會較相信孩子的說詞，換言之，在不明的狀況下，法院通常會先認同孩子的說詞，以保護孩子不會繼續受到傷害。

參考法條：

兒童及少年福利法 第30條	任何人對於兒童及少年不得有下列行為： 一、遺棄。 二、身心虐待。 三、利用兒童及少年從事有害健康等危害性活動或欺騙之行為。 四、利用身心障礙或特殊形體兒童及少年供人參觀。 五、利用兒童及少年行乞。 六、剝奪或妨礙兒童及少年接受國民教育之機會。 七、強迫兒童及少年婚嫁。

如果孩子知道性侵害是錯誤的行為，他便會抗拒，並且適時阻止，向外尋求協助。

八、拐騙、綁架、買賣、質押兒童及少年，或以兒童及少年為擔保之行為。

九、強迫、引誘、容留或媒介兒童及少年為猥褻行為或性交。

一〇、供應兒童及少年刀械、槍、彈藥或其他危險物品。

一一、利用兒童及少年拍攝或錄製暴力、猥褻、色情或其他有害兒童及少年身心發展之出版品、圖畫、錄影帶、錄音帶、影片、光碟、磁片、電子訊號、遊戲軟體、網際網路或其他物品。

一二、違反媒體分級辦法，對兒童及少年提供或播送有害其身心發展之出版品、圖畫、錄影帶、影片、光碟、電子訊號、網際網路或其他物品。

一三、帶領或誘使兒童及少年進入有礙其身心健康之場所。

一四、其他對兒童及少年或利用兒童及少年犯罪或為不正當之行為。

兒童及少年福利法 第36條

兒童及少年有下列各款情形之一，非立即給予保護、安置或為其他處置，其生命、身體或自由有立即之危險或有危險之虞者，直轄市、縣（市）主管機關應予緊急保護、安置或為其他必要之處置：

一、兒童及少年未受適當之養育或照顧。
二、兒童及少年有立即接受診治之必要，而未就醫者。
三、兒童及少年遭遺棄、身心虐待、買賣、質押，被強迫或引誘從事不正當之行為或工作者。
四、兒童及少年遭受其他迫害，非立即安置難以有效保護者。

直轄市、縣（市）主管機關為前項緊急保護、安置或為其他必要之處置時，得請求檢察官或當地警察機關協助之。

第一項兒童及少年之安置，直轄市、縣（市）主管機關得辦理家庭寄養、交付適當之兒童及少年福利機構或其他安置機構教養之。

兒童及少年福利法

第48條

父母或監護人對兒童及少年疏於保護、照顧情節嚴重，或有第三十條、第三十六條第一項各款行為，或未禁止兒童及少年施用毒品、非法施用管制藥品者，兒童及少年或其最近尊親屬、主管機關、兒童及少年福利機構或其他利害關係人，得聲請法院宣告停止其親權或監護權之全部或一部，或另行選定或改定監護人；對於養父母，並得聲請法院宣告終止其收養關係。

法院依前項規定選定或改定監護人時，得指定主管機關、兒童及少年福利機構之負責人或其他適當之人為兒童

指導孩童的正確的性教育，告訴他何謂性侵害，並且讓他了解身體不可被侵犯。

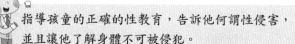

及少年之監護人，並得指定監護方法、命其父母、原監護人或其他扶養義務人交付子女、支付選定或改定監護人相當之扶養費用及報酬、命為其他必要處分或訂定必要事項。前項裁定，得為執行名義。

Q6 目前台灣有許多異國聯姻的狀況，當發生外籍的父母未經另一方的同意便將孩子帶到國外，或發生跨國的監護權爭議，這種情形該怎麼辦呢？

蔡家豪律師：

一旦孩子被帶到國外，只能到國外當地的法院進行訴訟了，因為就算在我國的法院起訴，請求對方將孩子交還，即使將來取得勝訴判決，我國法院判決的效力也不及國外，更遑論無法持我國民事法院判決，去請求當地法院將孩子交還，所以最保險的方式是，一開始就應該避免讓對方把孩子帶走，盡量留在我國境內進行訴訟，以節省不必要的勞力、花費。

Part 4

為什麼我不能決定要和爸爸／媽媽住？

我和爸爸／媽媽的感情比較好

傷心案例

文豪七歲，是家中的獨子，但是父母因故離婚，雙方都在爭取文豪的監護權。現在文豪居住在爸爸家，雖然爸爸的經濟基礎不錯，且出生在具備聲望之家族，但文豪的爸爸完全沒有盡到父親的責任，將孩子交由文豪的祖父母來照顧。事實上，文豪的爸爸爭取孩子監護權，只是爲了報復妻子與他離婚。

而文豪的媽媽爲了讓文豪能有良好的成長環境，極力爭取兒子的監護權，雖然娘家並未給予經濟支持，不過，文豪的媽媽具備一技之長，也有足夠的經濟基礎與能力來扶養兒子，所以，她不擔心孩子如果跟著她，會缺乏完善的物質生活。

監護權的官司使文豪陷入成人之間的拔河，因此，文豪開始出現自我封閉，時常躲在角落，不愛跟別人說話，不與他人互動，人際關係產生問題等狀況；另一方面文豪會緊抓著家人不放，並且躲在家人的背後，害怕與他人接觸。

孩子的監護權與居住地決定權

孩子在父母分居或離異後的歸屬問題，必須根據孩子與父母一方現有的聯繫狀況，以及孩子是否能夠與父母另一方接觸來判斷。

此外，依循孩子口頭上和內心深處的「真正意願」；父母兩人的教育水平，是否足以教育孩子；或是以目前的經濟狀況，父母對子女養育能力是否能夠提出長久的保證，都將作為未來孩子歸屬的依據。而在個別案例中，實際的狀況，以及與孩子有密切聯繫的關係人也應該納入考量。

若孩子是以口頭陳述的方式表達意願，他可能會受到父母一方誘逼性的「勸說」，而年紀越小的孩子，發生這種情況的危險性就越高。在這種情況中，孩子可能使用不適合孩子的語彙、在陳述上前後矛盾、或是孩子當著第三人的面前表達出強烈的矛盾和心理衝突。

所謂「真正意願」是指孩子心中確立的喜好及嚮往，而不是「虛情假意」或受到父母一方的影響，通常這些意願可以透過心理測驗察覺出來。

一般來說，父母分居或離異後，雙方仍共同行使子女監護權。假如其中一方希望能獨立行使子女監護權，則必須向家事法庭提出書面申請，例如：父母親可以在分居後，對孩子往後的住處取得協議；或者，雙方也可能堅持，因為夫妻兩人已經無法進行溝通，所以雙方絕不可能共同行使子女的監護權，然而，這不該成為提出獨立行使子女監護權中請案的一項理由。

在共同行使子女監護權方面，通常為日常生活中，擁有大部分**事務決定權**的父母一方，能夠得到慣常居住地決定權，或孩子可以選擇與其長期居住。

貼心補給站

事務決定權：即決定日常生活的大小事情，也就是安排孩子的生活起居，並且對他的人格發展不會造成嚴重影響的事。例如：孩子日常生活以及休閒活動的安排、衣服、家庭作業、定期看醫生等事項。

夫妻雙方若是共同行使子女監護權時，在決定所有日常安排的原則上，雙方必須取得一致性，這些事項的處理方式，對孩子而言，具有相當重要的意義，因此，父母必須更為慎重，像是孩子的生活費、上幼稚園、入學、換學校、體育項目的選擇、或是必要的手術等。

不過，也有發生過部分子女監護權的轉移，不是交給父親，也不是交給母親，而是交給青少年兒童福利局，而父母親則保留其他的照顧權利。比方說，父母不了解孩子未來必要的醫療保健，或是缺乏供給子女所需的認知，則必須將子女監護權移交至第三人手中。

在某些棘手的案件中，像是孩子並非與父親或母親同住，而是寄宿在育幼院，同樣也適用於前述的狀況，同理可證，收回父母的居住地決定權，是為了確保孩子未來能與父母雙方進行更良好的接觸。

現今社會期望父母親在分居或離異後，能有相互合作的意願，並確實行使子女共同監護權。倘若父母分居或離異了，而他們又無法履行管教和照顧孩子的權利及義務時，那麼身為社會保衛者的政府，便有協助孩子的義務。即使父母的態度並無缺失，而此處所謂政府協助的標準，指的是「**子女的最佳利益**」。

貼心補給站

子女的最佳利益：這個詞彙其實是一個不明確的法律概念，其意義涵蓋孩子的身體、精神以及心理各層面的最佳福祉。

若危害到兒童福利，基本上，國家有義務提供支援，在可能的情況下，為了增進子女的最佳利益，也會給予相對應的措施。同時國家（其代理人為青少年兒童福利局以及家事法庭）有權在所有措施中維護規範，也就是說，相對應的措施及干預必須得宜、可行以及為他人所接受，同時也關係到重新建立父母的權限。以下筆者就分門別類地闡釋前述所列舉的監護權與慣常居住地決定權之規定章程。

*孩子和父母的聯繫

「聯繫」一詞，就法律人對它的使用及了解，廣義來說，意指孩子與有關人士的關係層面而言，通常「聯繫」等於彼此關係間的「品質」；從發展心理學的角度來看，「聯繫」指的是孩子與關係人緊密相連的關係；根據現今的「**聯繫理論**」，「聯繫系統」意指一個最原始的、遺傳的、植入深處的系統，這個系統開啟了孩子出生後，最初接觸的關係人（大部分指的是母親）與孩子間的連結，並且擁有超強的保護功能。比方說，當嬰兒感到害怕時，一定會在附近尋找最初接觸的關係人，並且期望在近處得到母親的保護以及安全感。

聯繫理論：所謂的「聯繫理論」是發展心理學、社會心理學以及精神分析的一種概念，此為孩子與母親之間發展出一種情感相互緊密的關係，又稱為「臍帶關係」。

慢慢地，思想心靈層面便經由與外界的聯繫體驗而建立起「內部的工作模式」，並

且與現有的經驗合併，而孩子與外界的關係可區分成極確定的、迴避且不確定的、不確定且帶著矛盾心理，以及相當不確定。

由此可知，孩子與他接觸的關係人將發展出哪種聯繫的形式或模式，端視不斷與接觸關係人建立的互動模式而定。

若希望建立極度穩健的聯繫，其主要準則是「擁有體貼及關懷別人的心」。而健全的親子關係，是母親與孩子間擁有良好的情緒溝通，不管是嬰兒（或小孩子）還是母親，雙方經歷並互相交換各方面的情感。在這種情況下，此接觸關係人必須具備情緒的支配能力。就目前的認知來看，多元化的經驗，對孩子健全的心理發展較有益處。

在互動模式範圍下所指的多元化，其意義在於，孩子與重要的接觸關係人之間擁有共同的情感。假如照顧孩子的行為失當，無論太過或不及，將會導致更多負面或無法控制的情緒經驗，且孩子會試著控制他的周遭環境。倘若負面的情緒影響過度，則會出現所謂的「**斷電現象**」。

貼心補給站

斷電現象：意即嬰兒或小孩子對外界的事物突然不感興趣。也就是所謂的「異質性」，表示情緒被重要的經驗所剝奪。

與孩子聯繫上的品質，能夠透過有系統的觀察來決定。根據孩子與主要接觸關係人的短暫分離，加上再次見面時的反應，可以推斷出相對應的聯繫關係。一般來說，孩子的態度可分為四處尋找、拒絕或是亂抓等。如此一來，將能夠推斷出明確、不明確、內心矛盾或心中慌亂的聯繫關係。而年紀稍長（大約五歲以上）的孩子，也可以經由轉述故事的方式，察覺出他與接觸關係人的聯繫形式。

在孩子三歲前或是經過一段長時間的相處之後，也可能與無親屬關係的人發展出緊密的聯繫，並沒有與親生父母或是與其他接觸關係人之間的聯繫區別。由此可知，孩子與（外）祖父母或繼手足間的緊密聯繫，就如同和親生父母的聯繫一般，享有同等的法律保障。

父母分居或離異時，孩子會特別希望與父母其中一方同住，主要是因為孩子與父母這一方的關係並不穩固，所以孩子害怕會失去他們，也因為這些孩子與父母另一方的關係比較穩固，所以能夠忍受放棄父母另一方，並且認為，父母另一方遠比這一方更能承受分居或離異之苦。

五到六歲的孩子特別喜歡與自己性別相對立的父母一方聯繫，換句話說，這個年紀的女孩比較喜歡爸爸；而男孩比較喜歡媽媽，也就是所謂的「**伊底帕斯階段**」。

貼心補給站

伊底帕斯階段：此論點是由佛洛伊德提出，這個時期的孩子對於性別相對的父母會產生潛意識慾望，即「戀母（父）情結階段」。

這種情況，往往進入青春期之後（約數個月左右），會再度改變（進入第二期伊底帕斯階段）。青春前期或青春期初期階段的女孩會希望引起父親的注意，並且妒嫉母親，視她為「眼中釘」；同樣地，正值青春期的男孩對母親的心態亦同。

孩子與父母的聯繫與關係並非呈現靜止的固定狀態，而是不斷地改變。舉例來說，倘若母親長時間將精力完全放在二兒子（或二女兒）的身上，而父親因此較為關照大兒子（女兒）時，第一個出生的孩子會成為不折不扣的「爸爸寵愛寶貝」，而第二個孩子會比較依賴母親，成為「家中永遠長不大的小孩」。

假如父母分居後，而親子之間還能經常見面，表示孩子同樣地愛著父母雙方。不過，有些案例中的孩子會對父母其中一方說，他們想要留在這兒，然後又假裝對另一方說，他們比較想住在這兒，然而，後者只會表現在過度依賴或容易受誘逼的小孩子身上，換言之，孩子與父母之間的聯繫品質以及他們陳述的意願之間，其實沒有具體的關聯。

假如孩子過去與父母一方，或其他重要的接觸關係人（像是祖父母或外祖父母等）的聯繫相當密切，現在卻與此人分開，此時會出現一個問題：此人與孩子往來時，是否能夠繼續給予必要的體貼和關懷之心，以及他們是否可以長期支持孩子？一般來說，這也適用於那些因父母分居後被迫帶離家庭，又被「交還」的孩子。

＊父母的教育程度和經濟能力

父母是否能夠擁有監護權，與經濟能力及教育程度息息相關。通常也與父母能否擔負未來短程和中程的撫育及照顧責任有關聯，例如：某些患有重度精神疾病的父母，需要不斷地接受治療。由此可知，他們的教育程度較為有限，而且必須在患病期間得到支援者或代理人（如祖父母或外祖父母等）的照顧。

單親家庭的父母通常具備一種傾向，他們會主動擔任另一半該扮演的角色，換句話說，單親爸爸會扮演媽媽的角色，而單親媽媽則會扮演爸爸的角色。假如分居後，父親整天仍然為工作而忙，只有在週末假日才有時間陪孩子，而這些所謂的「週末爸爸」常常會面臨到，希望滿足孩子而寵壞他們的問題。許多父親在分居後，才開始關心孩子，或才想到該為孩子安排生活，並且盡可能地試著彌補過去所犯的錯誤，促使他們想要成為「更好的爸爸／媽媽」。

父母角色的接受以及扮演，不論過去或現在，除了教育程度與經濟能力，是否有能力照料孩子、安排休閒活動等具體計畫，也很重要。同理可證，若是父母一方具備一定的教育水平，卻無力負擔殘障兒童或行為異常的孩子所需的特別照料，還是無法承擔監護責任。

假如想取得孩子的慣常居住地決定權的父母一方，因為工作的關係，必須將孩子交由其他人，像是日間保姆或親戚來照顧，而本身卻只有半天的時間可以陪伴孩子，就不算是經濟能力或教育程度上的問題，因此，父母的照顧以及教養能力絕非唯一的問題所在。

在少數案例中，父母分居後的社會經濟狀況，也成為支持或反對父母一方的慣常居住地決定權評估的標準。像是孩子在父母一方的雙語環境下成長，將成為支持父母一方擁有慣常居住地決定權的重要依據。例如：夫妻分居後，義大利籍的父親與他的父母同住在一起，他和他的雙親雖只能用義大利語溝通，但是他很希望孩子能夠說國語，也希望讓他的兒子學習台灣以及義大利兩國的語言及文化。

教育程度及經濟能力關係到一項重要的問題，也就是：父母一方是否能夠理解孩子的心理狀態，並與他們和平相處。此外，親子之間是否存在著結構性教育方式的問題，這在一般且無行為異常的孩子身上較不具意義，然而，對於行為異常的孩子，卻深具意義，就好比在一個精神渙散、缺乏注意力的孩子身上，採用有結構的教育方式，比起「放任的、自生自滅的方式」還要適合。

為何爸爸／媽媽要強調對方的不是？

傷心案例

瑩瑩是家中的獨生女，父母分居時，她年僅四歲。當年父母分居一事相當戲劇化，父親意圖掐死母親，又對她拳打腳踢，使得母親來不及帶走她的女兒就逃離家門。當她第二天打電話回家，想探聽女兒的消息時，她只能聽到：「妳走了之後，就別想再見到瑩瑩！」

孩子生日那天，母親爲了送禮物給她的女兒，特地回家。父親不但沒有幫她開門，還對他的女兒說，媽媽根本沒有在瑩瑩生日的時候回來。父親明顯違背了「准予聯繫之寬容心」的原則，因爲他的說詞，對孩子來說，已經產生了對母親的負面印象。

一年之後，孩子交由母親撫養。母親告訴她，她的爸爸從來沒有付出任何的贍養費（父親長期失業，而且經濟上陷入困境），而母親也說出了父親不好的一面，就是爲了要讓女兒與父親決裂，並且希望女兒往後能夠和自己連成一氣。最後，母親終於達到目的，因爲女兒在評鑑過程中，果眞說出對父親不滿的地方。

「准予聯繫之寬容心」以及「給予良好行為之模範」

所謂的「准予聯繫之寬容心」以及「給予良好行為之模範」，也就是會面往來的忠誠度。意思是，父母分居或離異後，一方不但准許，同時也要支持另一半去探視孩子，也必須屏除所有將會危害到孩子與另一方關係的事情。

假如父母一方不履行會面往來的忠誠度，且試著藉由禁止孩子與另一方會面，以取得獨立行使子女監護權，很明顯的是降低了他對孩子的教育能力。

由此可知，若是父母違反「給予良好行為之模範」時，可能導致法庭做出讓孩子由他人照管的安排，最後甚至演變為：將行使子女監護權的權利完全轉移至父母另一方。

至於「准予聯繫之寬容心」是指，准許孩子在他自己的房間裡擺放擁有探視權的父母一方的相片等類似事宜。實際上，具備「准予聯繫之寬容心」的雅量，端視父母是否能把配偶關係與親子間的關係區分開來。

倘若家長情緒以及精神上的明辨能力不足，便會不斷地出現違反「給予良好行為之模範」的事情。換句話說，面對以往的伴侶，父母一方不願對孩子說出自己的感受，也不願面對自己內心真正的感覺，唯有當家長能站在孩子的立場思考時，「准予聯繫之寬容心」才會隨之建立起來。

然而，光是不阻礙孩子的想法，或者同意他們可以和另一方相見，都是不夠的。父母一方應該要相信，讓孩子與過去伴侶往來，將會帶給孩子正面的影響，並且也應該讓孩子知道這一點。

外在的制式條件，可能會讓會面往來忠誠度的維持更加困難。例如：父親長時間在獄中服刑，母親或許會認為，讓五歲的孩子進入監獄，相當不恰當。然而，所謂「憂心孩子」的論調背後，往往隱藏更多基於自身的羞恥心，甚至是對過去伴侶的輕蔑。

父母一方之所以沒有「准予聯繫之寬容心」，可能是在當事人的心裡，仍有意識或無意識地存有些許報復之心，他們不會主動支持孩子與另一半見面的機會，反而加以阻撓。一般來說，當孩子出現了所謂的「**探視權症候群**」，擁有慣常居住地決定權的父母一方，將會出現會面往來忠誠度下降的趨勢。

對於父母離異的孩子而言，為了能順暢、無阻礙地與父母會面，父母雙方若能具備「准予聯繫之寬容心」的肚量，非常重要。

貼心補給站

探視權症候群：指的是孩子在探視權的範圍下，面對父母雙方所陷入的一場忠誠度衝突，而產生的種種現象。

＊父母的撫育及關照

「持續現象」的意義為保持現有的聯繫、教育狀況以及撫育情況。而其中區分為「個人的持續性」（與接觸關係人聯繫的持久性），亦即「經驗的持續、累積」以及「地區的持續性」（居住地區、住所以及鄰居關係的維持）。

「監護權與慣常居住地決定權之規定章程」的意義，是為了增進孩子的最佳利益，並且依據永續性、平等概念以及生活和教育狀況的穩定度而產生。

一般來說，由接觸關係人照管孩子的持續性，遠比居住點或住所的持續性來得重要。因為孩子對於環境的持續性或穩定度，依不同的年齡層有不同的需求。舉例來說，若是父母必須轉換環境，比起重新進入學校生活的小學五年級的學童來說，小小孩或幼稚園階段的兒童，較能快速地適應新生活。

此外，更換居住點，與所謂「自我價值的重視感」沒有直接的關聯，而是能夠讓孩子更加成熟，以及提升他對新環境的適應力。

缺乏與社會團體的接觸，以及生活空間的狹窄等，往往使得孩子在社會行為發展的過程中，產生心理障礙。然而，光憑過往的角度觀察「持續現象」的論點是不夠的，反而要事先知道，倘若孩子去見父母其中一方，或是分別與他們同住時，哪些可預見的發展，會持續下去。例如：孩子能夠與（外）祖父母或與哥哥、姊姊繼續保持聯繫，就是相當重要的一環，同時也可以將個人成長的持續層面延伸到父母。

＊家庭資源

父母雙方能為孩子付出的家庭資源、擁有多少潛力以及各種狀況發生的可能性，往往可以在「孩子跟著父母哪一方生活可以過得更好」的問題上獲得答案。假如父母一方離群索居，並與過去的岳父母（或公婆）、兄嫂妯娌等人劃清界線，若孩子未來與其同住，對孩子而言，風險較大。

因為父親或母親如果生病了，與外界也沒有任何接觸，將會沒有人支援他們，其嚴重性可想而知。另一種狀況是，假如父母一方與親戚生活在一起，發生同類問題時，孩子通常可以很快地尋求支援，並且解決問題。

另外，父母一方的家人都住在國外，而當緊急事件發生時，也因為距離的因素，無法第一時間趕到現場支援，他們通常是屬於缺乏家庭資源的一群。

而父母在分居後，各自有了新的對象，家庭資源將會擴大，家裡的新成員也會因此接管照顧以及撫育孩子的責任。

孩子的年紀，與疾病或傷殘的嚴重程度，以及（外）祖父母應該或能夠接管照料的任務，甚至是代理母親角色的功能等問題將不斷地出現。此外，假如父母一方在分居後，過著同性戀關係的生活，過去的配偶會認為，這是個嚴重問題，並且會對孩子造成負面影響，不過這種古板的論調，在日漸開放的台灣社會已經慢慢被淘汰了。

年紀稍長的兄弟姊妹、同父異母或同母異父的兄弟姊妹，以及繼手足都算是「家庭資源」。一方面，他們共同承擔照料的重責大任，另一方面，也可能是重要的接觸關係人。

＊家庭以外的範圍：幼稚園、學校及交友圈

如前所述，身心健全的孩子，毫無疑問地，可以承受更換幼稚園或學校，或突然更換居住地。不過，若孩子因為經常搬家的緣故，必須忍受多次中斷家庭以外的聯繫，當他好不容易可以長時間待在同一間幼稚園或學校時，轉換環境無疑是讓孩子再度從家庭以外的社會聯繫抽離出來，將會造成孩子相當沉重的負擔。尤其對青春期以前，或剛進入青春期階段的孩子更是影響重大，因為此時孩子與同儕之間會組成小團體，並且擁有意義非凡與深厚的情誼。

更換居住地，也就是更換到父母另一方的住所時，可能會造成孩子強烈的情緒反彈，或出現所謂的「**適應障礙**」。

適應障礙：兒童適應障礙會以不同的形式表現出來，他們可能出現軀體化的症狀，如腹痛、噁心或者頭痛等；也可以表現為對父母、他人的反抗與敵意，有的孩子則出現拒絕上學或逃學、離家出走的現象；甚至產生抑鬱情緒和輕生念頭。

孩子的個性不同，家庭環境的寬容程度和教養方式不同，使得孩子對應的反應方式各不相同，將會出現各種各樣的適應障礙。

假如父母分居或離婚的那一刻，雙方均表示，無力繼續擔任照顧及撫育孩子的責任時，孩子得經由青少年兒童福利局的安排寄住於教養院。倘若父母一方能與新伴侶再度證明已有穩定的家庭生活，且極力爭取孩子的監護權，此時將難以決定孩子的去處。教養院的輔導員可能會表示，孩子已經與院內其他同年齡的孩子有了默契，並且因此得到了依靠。假如剝奪孩子目前獲得的依靠，一些正面的發展可能就此毀於一旦。

孩子在一個團體或聚會中，非常需要擁有情感的依靠，甚至可以作為進一步決定慣常居住地決定權的考量。

我期待找回心裡的平靜

傷心案例

阿列克斯是家中的獨子。父親是義大利人，母親是台灣人，他們在義大利結婚。在阿列克斯六歲的時候，先是經歷了父母分居，一年後，他又再面對父母離異之苦。在雙方和平協議下，父親得以獨立行使兒子的監護權。夫妻兩人分別住在義大利相距不遠的城市，就在阿列克斯十二歲時，母親因爲以下的理由二次向法庭聲請變更行使兒子的監護權：前夫在兒子的學業上無法給予良好的協助，以致於兒子必須要留級一年，所以她認爲前夫沒有能力照顧孩子。對此，父親提出，他的父母親同時負擔了照顧孫子的責任作爲反駁，而且阿列克斯也有參與學校附設的加強班，進行課業輔導。另外，祖父母與他交談的語言是義大利語，而父親則是用國語及義大利語，兒子可以在學習雙語的環境下成長。

就在阿列克斯重讀小學四年級時，他加入了父親在當地的一個足球俱樂部，他相當熱愛足球，也因此找回他的自信心。而母親在積極地爭取兒子的監護權期間，因爲在她居住的地方沒有足球隊，所以爲他報名了手球俱樂部。

「實際狀況」與「參與者的關注」

延續前述的傷心案例，在青少年兒童福利局駁回了父親對子女照顧不周的指責之後，法庭做出以下的評斷：從發展心理學的角度來看，對阿烈克斯而言，為了使其在青春期階段能認同男性的角色，並且接受身體的自然成長。因此，在青春前期與父親的相處，似乎顯得特別重要；而具有雙重國籍的他，可以在雙語溝通的父親家成長，如果這個時候跟著媽媽，或許正值青春前期的重要階段不會全然失去「義大利籍的身分」，但在心中對於這層關係的認同感可能會越來越少，甚至變得不再認同。

除此以外，母親完全無法理解兒子的運動項目喜好，以及運動項目對兒子的重要性。她竟然認為只要加入手球俱樂部，她的兒子便能承受失去足球俱樂部以及他的朋友。基於這些考量，相關單位強烈地建議，讓阿烈克斯繼續留在父親的身邊。

「實際狀況」意指：如何以及用何種方式實際做到分居，對於年紀較小的孩子來說，十分重要。例如：在阿烈克斯的案例中可以發現，「雙語環境」對孩子的影響很重大，因此必須列入考量範圍。

「時間」也是做出決定的要素之一，舉例來說，一個兩歲的小孩，在父母分居後，與母親同住一年，此時父親卻想讓孩子回到自己的身邊，原因是母親在這一年當中，有三分之一的時間，都是由他人照顧小孩。即使父母一方數年沒有照顧孩子，也未履行探視孩子的義務，那麼孩子對此可能感到無比失望，但孩子也絕不會主動提出變更監護人的要求。

關於「參與者的關注」，（外）祖父母能參與照料子女一職到何種程度也是相當重要的。有時也會出現這種情況：表面上，父母一方為了爭取獨立行使子女的監護權而戰，而實際上，自己的父母親，也就是（外）祖父母，才是此爭奪戰背後的主角。

在「離婚官司」中不斷上演著子女監護權爭奪戰的戲碼，其實他們根本不是為了孩子，而是為了過去共有的財產（如房子等），才會為了獨立行使子女監護權而奔波。假如孩子表示，未來不想跟著父親或母親，可是卻想住在這間父母共同擁有的房子裡，這確實符合了上述的狀況。

前述所有談論到關於「監護權與慣常居住地決定權之規定章程」，並非純粹列舉出來，或以數量取勝。在顧及到子女的最佳利益時，特別是年紀較大的孩子意願、孩子的責任、孩子與父母之間的關係，以及父母的教育程度與准予聯繫之寬容心等，對於孩子的成長過程，是重要也是關鍵性的因素。

離婚法律一點通

Q1 離婚後，關於共同或獨立行使監護權的部分，在台灣的法律中，有哪些相關的規定呢？

蔡家豪律師：

離婚後的監護權，可以透過雙方協議，如果未為協議或協議不成，可請求法院依酌定，法院有可能判命其中一方為負擔權利、行使義務之方，他方則有定期與未成年子女會面交往之權。

參考法條：

民法　第1055條	夫妻離婚者，對於未成年子女權利義務之行使或負擔，依協議由一方或雙方共同任之。未為協議或協議不成者，法院得依夫妻之一方、主管機關、社會福利機構或其他利害關係人之請求或依職權酌定之。 前項協議不利於子女者，法院得依主管機關、社會福利機構或其他利害關係人之請求或依職權為子女之利益改定之。

行使、負擔權利義務之一方未盡保護教養之義務或對未成年子女有不利之情事者，他方、未成年子女、主管機關、社會福利機構或其他利害關係人得為子女之利益，請求法院改定之。

前三項情形，法院得依請求或依職權，為子女之利益酌定權利義務行使負擔之內容及方法。法院得依請求或依職權，為未行使或負擔權利義務之一方酌定其與未成年子女會面交往之方式及期間。但其會面交往有妨害子女之利益者，法院得依請求或依職權變更之。

民法 第1055-1條

法院為前條裁判時，應依子女之最佳利益，審酌一切情狀，參考社工人員之訪視報告，尤應注意左列事項：

一、子女之年齡、性別、人數及健康情形。
二、子女之意願及人格發展之需要。
三、父母之年齡、職業、品行、健康情形、經濟能力及生活狀況。
四、父母保護教養子女之意願及態度。
五、父母子女間或未成年子女與其他共同生活之人間之感情狀況。

民法 第1055-2條

父母均不適合行使權利時，法院應依子女之最佳利益並審酌前條各款事項，選定適當之人為子女之監護人，並指定監護之方法、命其父母負擔扶養費用及其方式。

第一種監護方式由父母親共同監護，第二種是由父親監護，第三種是由母親監護。

Q2 在台灣，離婚後共同行使監護權的比例高嗎？共同行使監護權對子女會比較有利嗎？

蔡家豪律師：

就實際法院判決而言，共同行使監護權之法院判決並不多見，最主要的原因可能跟我國國情有關，如果以共同行使監護權之情形，夫妻已經離婚分居，對於孩子的教養、養育理念可能原本就存有不同看法，客觀上而言，不見得對子女會有利，反而單方負擔行使監護權的時候，可以有比較明確的方向跟計畫。

參考法條：

民法第1055條、民法第1055-1條（參考前述Q1之法條）。

Q3 父母共同行使監護權時，若對子女的日常生活事項（如學校、宗教、就醫等），未能達成共識，法庭可能將部分決定權利轉移給父母一方，而雙方仍保有共同監護權嗎？

蔡家豪律師：

如果已經透過協議或是法院判決共同行使監護權，但是雙方就共同行使上仍存有重大歧異，通常皆會向法院聲請變更為單方完全行使監護，不會將某些事項排除後，又繼續維持共同行使監護權之形式。

參考法條：

民法第1055-1條（參考前述Q1之法條）。

Q4 當父母雙方皆要求單獨擁有子女的監護權時，法庭在判定監護權的從屬時，會有哪些考量？

蔡家豪律師：

按我國民法的規定，法院應考量下列因素：

一、子女之年齡、性別、人數及健康情形。

二、子女之意願及人格發展之需要。

三、父母之年齡、職業、品行、健康情形、經濟能力及生活狀況。

四、父母保護教養子女之意願及態度。

五、父母子女間或未成年子女與其他共同生活之人間之感情狀況。

共同行使監護權不見得對子女較有利，若父母無法達成共識，反而會對子女的權益造成傷害。

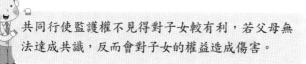

參考法條：

民法第1055-1條（參考前述Q1之法條）。

Q5 離婚後，子女的居住地該由誰決定？

蔡家豪律師：

此時，由於未行使權利、負擔義務之一方親權暫時停止，故由對孩子行使權利、負擔義務之一方決定。

參考法條：

民法 第1060條
未成年之子女，以其父母之住所為住所。

Q6 何謂「子女的最佳利益」？該如何界定？

蔡家豪律師：

其實，問題四已經提及「子女的最佳利益」，而法院最主要依據法律的因素就是：

一、子女之年齡、性別、人數及健康情形。
二、子女之意願及人格發展之需要。
三、父母之年齡、職業、品行、健康情形、經濟能力及生活狀況。
四、父母保護教養子女之意願及態度。
五、父母子女間或未成年子女與其他共同生活之人間之感情狀況。

此外，實務上，法院亦會考量「哪一方可以提供穩定性、繼續性的照顧」、「居家環境」、「周遭親屬所能提供照顧小孩之協助」、「是否曾有婚姻暴力」、「有無虐待孩子之記錄」等因素之考量。

參考法條：

民法第1055條（參考前述Q1之法條）。

Q7 除了父母主動表示無法負擔照顧子女的責任，還有哪些情況法庭會將監護權交給父母以外的監護人或機構？

蔡家豪律師：

父母親均過世或是客觀上均不能行使權利，例如：父母雙方均行蹤不明、生死不明。

決定孩子的監護權時，依孩子的利益為考量因素，而非考量父母的利益。

參考法條：

民法　第1091條

未成年人無父母，或父母均不能行使、負擔對於其未成年子女之權利、義務時，應置監護人。但未成年人已結婚者，不在此限。

Q8 當孩子已習慣育幼院或寄養家庭的生活時，親生父母此時卻想將子女從育幼院或養父母處帶走，這種情況該怎麼辦呢？

蔡家豪律師：

如果當初孩子至育幼院或是寄養家庭，是已經透過法院判決的形式停止或是改定父母親之親權，則此時僅能再度請求法院改定監護權之行使。

參考法條：

民法　第1106-1條

有事實足認監護人不符受監護人之最佳利益，或有顯不適任之情事者，法院得依前條第一項聲請權人之聲請，改定適當之監護人，不受第一千零九十四條第一項規定之限制。法院於改定監護人確定前，得先行宣告停止原監護人之監護權，並由當地社會福利主管機關為其監護人。

Part 5

爸爸／媽媽，還會回來看我嗎？

爸爸／媽媽都在固定時間來看我

傷心案例

在健中五歲的時候，父母因爲個性不合而離異，健中的監護權歸爸爸所有，但是，健中的爸爸卻不准健中的媽媽來看他，所以媽媽便向法院申請探視權的裁定（通常沒有監護權的一方，本來就擁有探視權），最後法院裁定健中的媽媽在每個月雙數週的週五，可以接健中到外面過夜，並於週日晚上八點，將兒子帶回健中的爸爸家。

因此，健中的媽媽在雙數週的週五下午，會帶著法院的裁定書到托兒所，接健中回去過夜。

然而，這天碰巧遇到要接健中回家的爸爸，於是兩人發生爭執。

健中的媽媽確實拿著法院的裁定書，而健中的爸爸向老師表示，如果將孩子交給媽媽，健中的爸爸將會讓孩子轉校，而健中因爲爸媽的大聲爭吵而哭不停，托兒所老師夾在其中不知如何是好？

分居或離婚後的探視問題

在探視權規範的項目裡，孩子的接送問題為最大的爭論點。基本上，擁有監護權的父母一方，並沒有接送孩子到另一方家中以及代替其行使探視權的義務，前述義務則屬於擁有探視權之家長的權責範圍。通常行使探視權的地點，是在擁有探視權之家長的住所。而家長可以決定探視的時間，在這段期間內，他可以行使探視權去探視子女，以及考慮孩子的年齡與成長狀況來決定與孩子會面的場所。

當擁有探視權的父母一方在國外度假時，必須事先與擁有監護權的父母一方協調。基本上，探視權可以延伸至以電話或書信往返的方式進行，如此一來，也能達到會面往來的目的。假如擁有探視權的父母一方因為距離的遙遠、患染重病或基於法律上的某些限制，而無法或很少能夠親自探視子女時，以電訊的方式聯繫其實更具意義。倘若遇到這種情況，則建議家事法庭也要確定信件的數量、次數以及書信往返的時間或電話交談時間的長短。父母兩人對於前述所提供的數據差異越大，越需要精確地紀錄每一項。

＊固定時間探視，對不在場的父母親為什麼重要？

從實際面來看，大多數擁有探視權的父母一方需要一份能讓探視孩子一事進行得更順暢的時間表。假如父母雙方住得不算遠，關於探親次數的頻率，在年齡達到幼稚園以上的孩子心裡會形成某種標準。

最「典型」的親子會面時間是：每隔兩週的週末加上過夜，並且視孩子星期六上午的行程而定，時間可以從星期五晚上到星期天晚上，或從星期六中午到星期天晚上。倘若孩子能接受約定好的時間安排，而且擁有探視權的父母一方，以及孩子都知道會面的時間，這對雙方來說，都有好處。

若擁有監護權的家長對於探視的規範採取完全放任的態度，通常會出現不明確感。至於嬰兒或年紀較小的孩子，為了預防疏離感發生的危險，父母雙方應該協調較多的會面次數，但時間可以縮短（例如：每週一到兩次，每次二到四小時）。

假如已分居的父母，兩人居住的地方相距甚遠，不僅孩子，就連父母親也不願意每兩個禮拜往返兩地，所以，要盡量避免這種所謂的「十四天會面原則」。或許可將會面的時間，更改為每四個禮拜，或是雙方協調在放長假的時候，進行密集性的會面。

相反地，假如父母兩人住在附近，像是住在同一條街上或同一棟公寓裡，雙方可以協議進行經常性、有彈性的探視。然而，年紀較小的孩子，最好不要花三天半的時間跟著父親，三天半的時間跟著母親，他（們）的床鋪和房間也不需要每三天更換一次，因為這種安排實在不符合兒童福利的宗旨。

假如父母親彼此相處非常融洽，雙方能夠互相商量，或者孩子已經長大，並且相當獨立，這種過於彈性的探視行為才可以在實際生活裡自由更動。

我希望爸爸／媽媽住的地方不要太遠

傷心案例

十三歲的俊偉，與小他兩歲的弟弟彥銘，以及小他六歲的弟弟翔翔，在父母分居以後，選擇站在母親以及和母親相戀的同事這邊。

俊偉認爲，爸爸總是對媽媽大吼大叫，甚至在孩子面前對她拳打腳踢，而媽媽一直原諒爸爸，給他機會。

他和兩個弟弟一起去看過爸爸五次，但是，情況卻一次比一次難熬，因爲爸爸總是處心積慮地想毀了媽媽。

兩天前，爸爸打電話來，剛開始一切還算正常，可是他突然對著俊偉大吼，並且表示，俊偉跟他媽媽都在說謊，結果他和爸爸相處的情況，不但沒有好轉，反而越來越糟糕，所以他不想再見到爸爸。

有一次，爸爸試著要「收買」彥銘，他對彥銘說：「如果你到我這邊來，我就給你五百元零用錢。」彥銘回絕了爸爸，由此可知，雖然他們的爸爸極力要拆散他們，卻始終沒有達成目的。

探視的困難性——父母方面

依照前述的傷心案例可以知道，俊偉的父親顯然忽略了一點，一直辱罵孩子的母親，只會將孩子推往母親的懷抱。因為他們就像盾牌一樣保護著母親。

父親在絕望之餘，無法從孩子對他的態度中學習改變，並且停止對他們的母親進行口頭上的攻擊。

父母之間爭執的潛在危機越明顯，則雙方準備溝通的意願越低，導致與孩子的會面往來越困難，因為他們如同「游擊隊」往返於互相「敵對」的世界。

因父母的個人特質而造成分居或離異，以及往後的會面往來更加困難的每項因素，在第三章裡已經詳細探討過。假如孩子固定一段時間便不斷追問有關父母另一方的事，或是被當作傳聲筒或間諜的工具，等於是持續造成孩子的**忠誠度衝突**。

貼心補給站

忠誠度衝突：指的是孩子出現對父母的矛盾情緒，若是對父母任何一方表示親密，或是選擇其中一方，又怕對不起或得罪另一方家長。

一般來說，擁有探視權的父母一方，也希望在他們與孩子會面時，給予孩子一些實

質上的驚喜，比方說，他們會試著在週末與孩子會面時，將場面安排得相當吸引人，如此一來，孩子可能會很期待再見到他們，或者認為他們比另一方更好相處，進而出現更換慣常居住地的念頭。

多數在婚變後無監護權而被迫行使探視權的父親，會比以前更積極地與孩子保持良好的關係。因此，可能很快地演變成，相較於母親每天安排日常生活作息，以及因為家庭作業、生活上的種種要求而和孩子出現衝突，父親反而會採取放任、溺愛的教育態度，讓孩子恣意妄為。

若擁有探視權的父母一方，不斷地送禮物給孩子以收買人心，在孩子的想像空間裡，會逐漸認為他們是有求必應的好爸爸或好媽媽。那麼擁有監護權的父母一方絕對會起疑，並且有意無意地限制孩子與另一方進行會面。

當父母與子女的會面往來一事造成父母雙方之間的衝突時，擁有監護權或居住地決定權的父母一方，總會提出以下論點：絕對要尊重年幼孩子的期望與想法，因此，當孩子與另一方會面時，才不致於因為父母一方的牽制而受到另一方的「責罰」。不過，這種觀念是正確的，也是錯誤的。而尊重或滿足小孩的想法與期望，同樣地，也適用於青少年的身上。

遭受父母離異之苦的孩子年紀越小，他們越能感覺到父母一方是否真心「允許」他們與另一方家長見面，同時也期待父母一方支持他們。所以只有「我不反對孩子跟我的前夫／前妻見面」的觀念是不夠的，除了用言語以外，應該還要讓孩子打從心裡感覺：媽媽認為，我跟爸爸見面是一件正確、重要的事，而且也會大力支持我。

假如母親對於前夫的作為相當失望，再也不願意見到他時，這種厭惡的心態絕對會傳達給孩子，並讓孩子產生誤解。而這時母親給予孩子這樣的訊息：「我希望你能去見爸爸，因為他對你來說，是一位好爸爸。」孩子通常會出現「**認知不協調**」的狀態。

貼心補給站

認知不協調：人類的認知若相互矛盾時，就會感到困擾和痛苦。為了消除這種困擾和痛苦，他會設法改變其中一個，或拋棄、或修正，讓不和諧的現象消失。一般來說，被拋棄或修正的多為新的認知，因舊有的認知（即原有的價值觀）較根深柢固。

事實上，要解決這種「認知不協調」的狀態，已經超出孩子的能力範圍。他們時常會想：「假如媽媽不想再見到爸爸，就表示爸爸是壞人，所以媽媽當然有理由不想再看到他。可是假如我去看爸爸，而且度過了一段美好的時光，因此，爸爸就是好爸爸，那媽媽對爸爸的看法不就完全錯誤？」

如果母親對孩子說：「每個人都有善的一面，也有惡的一面；爸爸跟媽媽之間目前的關係相當惡劣，因為時常吵架與爭執的緣故，所以兩人不得不分開；但爸爸是一個好爸爸，而且也一直會是個好爸爸。」母親這麼做的目的是：在她內心的絕望感與面對伴侶時所持的保留態度間找到一個平衡點，或許可以讓孩子接受兩極化的訊息。

但是，若孩子與父母一方會面時，不斷地聽到家長批評另一方有多糟糕、多卑鄙下流，孩子在忠誠度上的衝突便會加深，而且會讓孩子出現行為異常、說謊等「**探視權症候群**」徵兆，或以抗拒的方式作為回應等問題。

貼心補給站

探視權症候群：這種異常行為最常發生在幼稚園的小朋友身上，指的是孩子在探視權的範圍下，面對父母雙方所陷入的一場忠誠度衝突，而產生的種種現象。

倘若在不符合孩子年齡的需求下進行探視，那麼孩子較不會珍惜會面往來的機會。許多父母往往在分居時或分居後才發現，以前與孩子的關係非常疏遠，於是極力地在親子會面時彌補過去的疏失。

因為恐懼，再加上無法進入孩子的內心世界，所以這些父母想盡辦法採取行動，參與任何與孩子有關的各項活動。此時，擁有監護權的父母一方一定會提出質疑：「他（她）以前從來沒有照顧過孩子，現在卻假裝當個好父親（母親）！」

探視時，父母雙方知會對方關於孩子目前面臨的問題，以及他們的健康狀況，理論上來說，是正確的，然而，有時卻是不恰當的。

舉例來說，在探視時間，孩子要去看醫生，可是父母另一方卻不同意。因為母親會說，她的孩子不能服用西藥，應該去看中醫。到了探視期間，父親卻帶著孩子去看西醫，而醫生也開立了處方箋，此事的結果必定會引發一場強烈爭執，而母親可能會從此限制孩子與父親見面的機會。

假如母親一個人獨自行使孩子的監護權，即便父母對於孩子尋求醫療方式有不同的意見時，父親仍要尊重她的做法。而共同行使子女監護權時，為了免除無謂的意見分岐，父母雙方勢必要尋求第三人的意見。實際上，父母親在進行探視時，一切透明化、可靠以及信賴感的呈現，是最高的修養境界。

擁有探視權的父母，對於子女的探視權，應該得到其他親戚的支持，像是祖父母或兄弟姊妹。例如：探視時，父親在母親不知情的情況下，將孩子「交給」自己的父母親，而母親和婆婆過去曾經數度因為意見不合而起爭執，這種情況將會演變成，母親對於父親探視孩子一事，給予負面的評價。

倘若父母一方在分居後，經常以自殺作為威脅的手段，這種方式也會作為禁止孩子與另一方見面的理由。甚至出現令人擔憂的事：尚未從婚變的痛苦中走出來的配偶，極有可能因此「徹底瘋掉」或成為連續殺人狂。

傷心案例

我不喜歡被爸爸／媽媽當作物品

十歲的小路在他五歲時，父母就分居了，一年後便離了婚。父親得到了獨立行使監護權的權利，因此，小路是由父親與祖父母帶大的。

在週末時，他會去看母親，並且與她同住。由於父母之間不斷地爲了財務問題爭吵，使得母親的精神狀況越來越差，以致於必須進行精神治療。

在這段期間，小路說他想要去陪母親，從此，他成了保護者的角色，指控並且責罵父親：是爸爸讓媽媽生病、難過的。

上了高中以後，他暫時與母親同住一段時間。在最近的一次法庭協商前，母親因爲壓力的緣故，整個人崩潰了。

在法庭協商過後，母親與兒子隨即去找家庭醫師，小路在那兒發瘋似地大吼大叫，雖然已經打了兩針鎮定劑，仍然無法使他安靜下來。他不斷大叫：「救命啊！我把他（父親）刺死了，我殺了他（父親）了！」

探視的困難性——孩子方面

延續前面的傷心案例，小路後來被帶往兒童暨青少年精神科進行治療。結果發現：為求保護，母親和他同母異父的姊姊在家裡飼養一隻牧羊犬，而飼養這條狗的用途是為了阻擋父親。小路解釋，那隻牧羊犬曾企圖咬掉父親的手臂，這也表示父親私下去了母親的住處。因為這件事，導致小路再也無法忍受夾在父母中間所產生的忠誠度衝突，於是他乾脆完全認同母親，態度上也如同他的母親，出現幾近「瘋狂」的舉動。

在做精神測驗時，小路帶了一個紙箱，上面畫了一顆頭顱以及人的脖子。他解釋道，這個是他的父親，小路已經「刺死」他好幾次了。就小路而言，他顯然將自己定位在「職權易位、代理母職」的角色，他保護母親，並且照顧她。而小路為了防止像以前一樣陷入情緒上的泥沼，所以也中斷與祖父母的聯繫。他同情且支持母親，而將憎恨之心加諸於父親身上，由此可知，他亟需求助於精神方面的協助與治療。

每一個孩子都會經歷各種成長階段，而父母分居或離異之事，同時也會影響孩子的正常發展。父母分居或離異，對孩子而言是危機，此種危機與矛盾心理以及忠誠度衝突相結合。飽受此種痛苦折磨的孩子，年紀越小，受到心理或精神影響症狀與發展明顯倒退的反應就越頻繁。

從發展心理學的角度來看，必須注意一些與孩子年齡層有關，以及在探視時孩子可能出現的情緒反差現象。小小孩或剛上幼稚園的孩子（三到四歲左右），當他們面臨父母分居所帶來的恐懼感時，通常會拒絕接受另一方的探視，假如此時孩子尚未做好心理建設，便與同住的父母一方分開時，必然會出現害怕的感覺，而孩子會強烈地覺得自己受到威脅，同時也會出現影響心理或精神的各種反應。

倘若孩子與母親尚未出現穩健緊密的關係，此時因為與父親見面，而與母親有了短暫的離別，肯定會導致孩子的心裡出現巨大的恐懼感。此時應該做的是，父親必須與孩子在母親的附近進行會面，唯有當孩子與母親建立起穩固的關係時，才能消弭這種恐懼感，而父親也應該與母親保持適當的距離。

假如父母之間已經不存在或者只有些許情緒上的緊張氣氛，即使會面時另一方在場，孩子也已經習慣與擁有探視權的父母一方長時間相處，這種情況就不需要過度擔心。而四到六歲的孩子特別喜歡與自己不同性別的父母一方聯繫，這種第一次「伊底帕斯（即戀母情結）階段」是很自然的短暫現象，因此，父母不需要放在心上。

＊隨著年齡的不同，孩子會出現不同的保護機制

幼稚園大班或剛上小學的孩子，還沒有具備表達反對意見的能力，但他們能夠很快地受到他人的言語而感動，順勢應對。舉例來說，假如孩子去看他們的父親，他們便會順著父親的話而反應。當他們認為父親似乎在生母親的氣時，他們會選擇站在父親那邊支持他；然而，當他們與母親在一起時，同樣的事情便有不同方向的發展：此時孩子會

說父親的壞話，而這其中也隱藏「探視權症候群」的跡象。從父母親的角度來看，雙方確實都傷害了孩子，但是他們無法查覺到，孩子對兩人竟然有不同的說法。

三、四年級以上的小學生，經過與父母一方的會面往來後，可能會出現忠誠度的衝突以及罪惡感，這件事將會不斷困擾著他們。因為這些年齡稍長且已有思考能力的孩子，在父母分居或離異的衝突下，會採取道德主義式的態度，像是他們會在進行會面時，故意破壞與父母一方原有的良好關係。

這個年紀的孩子也知道，如何透過父母一方預知他們對事情的評斷，他們猜想得到，父母親對他們的期望是什麼。然而，父母親雙方的立場並不相同，便會引發孩子忠誠度的衝突。

倘若忠誠度的衝突嚴重擴大，孩子往往只能選擇兩條路走：一是對於父母一方，大多數是與其同住，並產生依賴的一方，形成全面的支持態度以作為保護機制；二是強烈地拒絕與父母另一方的會面往來。然而，孩子堅決的態度，通常被視為：在內心受到極具威脅性的情況下，所做出的保護措施。

假如父母離婚這件事，不能再讓孩子以保護機制的模式自行決定結果，往往會衍生出自我傷害的行為，換句話說，孩子自願成為婚姻危機的犧牲者，而最好的解決辦法是，父母親能從困境中走出，並且重新和好，如往常般和睦相處。

許多孩子在青春期前期就具備嚴重的道德主義式觀念，他們學會以共同居住之父母一方的論調來抒發自己的觀感。於是，孩子會不停地詢問，誰是破壞婚姻的始作俑者，或者是誰讓大家不能平靜地度過家庭生活？

在青春期或青少年時期，孩子此種道德主義式的觀念，會加速前述的探視權問題，或演變成親子間拒絕往來的態度。這個時期的孩子，必須面臨到伴隨著父母分居或離異而來的財務問題。他們會透過雙方律師所寫的訴狀得知此事，然而，通常這不會改善與父母之間往來互動的關係，反而加深了過錯的責任歸屬以及與對方劃清界線的想法。比方說，當孩子知道父母一方拒絕支付子女的生活費，將嚴重傷害孩子的心理，同時也會讓他們的自我價值感遭受質疑，而對此父母一方產生負面的看法。

若處於青春期階段的青少年脫離同住的父母一方，常會出現父母另一方被理想化，而此時的孩子也會興起與其重新建立聯繫的念頭。然而，這些舉動往往會引發爭議，人們會認為孩子為了要與父母一方保持距離，竟不顧一切「變革、投奔」到另一方，實在是不懂得知恩圖報，而且對父母一方也不公平。

這種因父母分居或離異而改變目前和父母關係的情況，對年紀稍長的青少年而言，是很常見的現象。因為孩子正處於青春期階段，基於正常的成長發育，進入「第二次伊底帕斯階段」，他們會強烈地表現出喜歡接近與自己性別相異的父母一方，同時會排斥與自己性別相同的父母一方。這種情形雖然常常發生，也只是暫時性的過程，因此，不能解釋為「**父母親疏離症候群**」。

貼心補給站

父母親疏離症候群：因為監護權之爭而出現的心理障礙，孩子會無故表現出抗拒父親或母親的態度與行為。而這種行為來自於透過父母一方的打壓或洗腦，使孩子在內心詆毀父母另一方，並且出現敵對態度。

與同儕之間的關係，對於青春期前期的孩子而言，相當重要。由此可知，星期六與朋友或同學的社團活動，可能比和擁有探視權的父母一方約定見面，還要更重要。因此，讓孩子與同儕團體有更多的接觸機會，也應該列入考慮範圍。

＊孩子的年紀以及父母雙方住處的距離

如前所述，孩子的年齡與成長必須列入往來會面的規範中。假如嬰兒或年紀較小的孩子尚未斷奶，無法離開母親，此時父親所得到的探視時間絕對非常短暫。然而，父母也不可能因為年齡的問題而事先設計好一份「探視時刻表」，來試探孩子能夠與最初接觸的關係人分開幾個小時。因為孩子與最初接觸的關係人（可能是母親，也可能是父親）之間的聯繫到底有多強，也是決定性的關鍵，所以父母在決定會面時間時，必須考慮到這些因素。

倘若已分居的父母彼此住在附近，而且孩子可以不受約束，自由地從母親的住所到父親的住所，這對幼稚園兒童或小學生而言，是最理想的距離。雖然極少數的例子可以讓孩子與父母雙方見面的次數均等，卻對孩子的成長相當有利。

整體而言，當孩子的年紀越小，他們與父母一方同住的次數就越重要，因為「上床睡覺的狀態」對小孩子而言，如同分離般，令他們心生恐懼，而透過類似儀式的行為（像是聽睡前故事等）或許能使他們減輕這種恐慌。

若是父母雙方彼此住得越遠，安排規律會面的問題就越大，因為孩子無法承受為了與父母一方會面，得長時間搭乘轎車或是火車的奔波之苦。若距離較遠，雙方最好不要安排經常性的探視，例如：可以兩個禮拜見一次面。假如雙方的距離實在是太遙遠了，會面往來的次數可以減少，改成在長假時進行會面。

同時法律也有規定，擁有探視權的家長有義務在探視時接孩子放學，或是親自到孩子居住的地方進行會面。由此可知，擁有探視權的父母一方，在探視時，有接送孩子的責任和義務。

而在個別案例中，少數由於經濟狀況的因素，會面往來的次數可能因此明顯減少。年紀稍長的孩子，可以理解這種狀況，但年紀較小的孩子卻不能理解。

＊接送孩子時的困難性

雖然最理想的情況是父母雙方相處融洽，而且當家長送孩子回原住處時，能在氣氛和諧的環境下進行，不過，因為父母雙方的心理傷痛尚未完全癒合，所以，夫妻在離婚事件後相見，雙方勢必會再度發生決裂。

假如孩子被「丟」在自家門前，然後又被擁有探視權的父母一方「帶走」，這麼做將會帶給孩子錯誤的訊息。毋庸置疑地，孩子的心裡會覺得，擁有探視權的父母一方不但奇怪又危險，所以他們往後最好不要再看到他（她）。

因此，在探視期間，父母兩人應該要顧及孩子的感受，其實，父母之間也不需要做無謂的問候，或是說一些不真實的話來欺騙對方。然而，當孩子對分離出現莫名的恐懼感，同時又表明他們不想再見到擁有探視權的父母一方時，家長應該要在孩子面前作出實際的決斷，以及互相交換關於孩子的訊息。

而當探視的時間十分冗長，碰面的地點最好還在自己的公寓或是一般公共場所，例如：公園的遊戲區或咖啡廳，可能較為理想。不過，唯有當父母兩人相處融洽，以及孩子還處於離別的恐懼時，才會出現這種解決方案。

此外，家長也可以當著親近的第三人面前，將孩子交給擁有探視權的父母一方，像是（外）祖父母或乾爸媽。或者家裡的寵物如果探視時也在場，對某些孩子而言，恐懼之心或許會隨著消失。例如：全家心愛的小狗。因為牠屬於家庭成員之一，因此，在父母分居後，如同家裡的兄弟姊妹一樣，也是家庭全體成員的一分子。

進行探視前，孩子必須知道，擁有探視權的父母一方何時送他們回家，告知孩子時間時，父母雙方都必須在場，如此一來，孩子才能確定父母兩人如何協議會面時間的長短。

倘若擁有探視權的父母一方臨時取消約定好的會面日期，孩子一定會感到相當失望，他們可能會認為自己對擁有探視權的家長而言，根本一點也不重要。假如這種情況出現的次數過於頻繁，孩子將會覺得對方沒有將他們放在心上。因此，為了表明他們不依賴對方，或許他們會以拒絕和對方見面的方式作為回應，然而，這麼做只是讓孩子的心靈更加受傷。

父母應該避免在親子會面當天，讓孩子知道探視以外的其他安排。例如：母親不應該告訴孩子，他下週末該去看爸爸，卻又告訴他，媽媽在那一天要和朋友，以及朋友的女兒一起去動物園。母親的作法可能會導致孩子不想和爸爸碰面，進而拒絕與其會面。

依照會面時間，準時將孩子送回家，以及準時來接孩子同等重要。將孩子送回家的時間點，當然也不需要特地拿電子錶來計算。假如擁有探視權的父母一方，與孩子共度美好的時光，而孩子也主動表示，想繼續與爸爸（媽媽）再相處一會兒，或是想要跟（外）祖父母再多聊一下，家長可以和擁有監護權的父母一方討論延長會面的時間。

筆者在此建議父母，為了證明自己是個值得信賴的人，絕對要確實遵守約定。若要取消約定，最好是透過電話，而不要以書信往返的方式。不過，若父母兩人當著孩子的面，根據孩子的期望來決定會面的時間，這可能意味著會面的決定權，無論決定是否要進行，或時間長短，都是任憑孩子自行決定。

這會讓年紀小的孩子，認為自己無比重要，父母可能會無意識地受到他們的意願所操控。然而，父母親應該也要知道，今天說父母一方好話的孩子，明天可能會改說另一方的好話，這裡再度點出了所謂的「**探視權症候群**」。

貼心補給站

探視權症候群：這裡所指的是孩子在探視權的範圍下，面對父母雙方所陷入的一場忠誠度衝突，而產生的種種現象。

舉例來說，假設一個五歲的孩子在探視的前一晚尿床，並且告訴他的母親，他不想去見爸爸。當父親去接孩子時，母親敘述了這樣的情況，她告訴前夫，孩子心情相當糟糕，而且在他父親出現時表示，他實在沒有興趣再見到父親。雖然孩子很不甘願，但還是跟他的父親走了。不過，當他的父親送他回家時，他不但沒有跟父親道別，也不投入母親的懷抱，反而是迅速地進入自己的房間嚎啕大哭。

根據前述的假設，從擁有探視權的父親角度來看，卻是另外一個景象。一開始，孩子表現出不太高興的模樣，如果依照母親的看法而論，孩子看起來似乎有點「不正常」。但是，父親後來發現，孩子與他的關係完全沒有問題，不但相處愉快，而且也表明他不想依照約定好的時間回家。當他必須和祖母道別，並搭上父親的車時，他顯得非常難過。回家之前，他們在車上道別，看起來相當依依不捨，而父親把孩子送回家以後，孩子頭也不回，很快地衝回他的房間去，從父親的角度來看，孩子根本不喜歡母親。

對彼此間不斷起衝突的父母而言，孩子明顯的態度是對父母好惡的最佳證明。假如孩子出現了「探視權症候群」，父母親必須接受第三人的建議，並且了解擁有探視權的另一方也有權利行使監護權。

當孩子感覺到父母親的關係已經逐漸好轉，而孩子不需要在兩個極端的「世界」裡生活時，「探視權症候群」的現象才會再度消失。假如父母親無法和諧共處，同時為了減輕孩子的恐懼感，透過陪同人員將孩子送回家卻依舊沒有改善，此時，為了讓孩子減輕心裡的負擔，探視的次數必須暫時減少。

老師可以陪我去見爸爸／媽媽嗎？

傷心案例

四歲的小米住在育幼院已經一年了，法庭判決將她從母親身邊帶離，因爲母親將她完全孤立起來，不讓她與外界有任何聯繫。此時，青少年兒童福利機構以及小兒科醫生確定小米患有精神發展的障礙，因此，禁止母親與孩子往來。分開幾個月後，母親與孩子的第一次會面，是在育幼院老師的陪同下，在保護兒童協會內進行的。

當小米看到母親時，她卻想要投入老師的懷抱，而母親違背先前的約定，要求老師離開時，小米立刻大叫，並且緊緊地抱住老師不放。

面對這種情況，小米仍然一直抱住老師，之後還坐到老師的腿上。母親因爲無法忍受當時的情況，所以想要離開，但她仍站在那兒，試著接近她的女兒。最後，母親以及老師決定和小米一起去餵天鵝。於是，老師暫時離開她們，走回停車的地方去拿餵天鵝的麵包。

就在這個時候，天鵝突然咬了孩子一口，母親趕緊安慰她，並且將她擁入懷裡。當老師回來後，孩子轉而去抱住老師。

經由第三人「陪伴性質」的探視

延續前述的傷心案例，小米和母親的第二次會面時間是十四天以後，小米已經不像以前一樣那麼害怕媽媽了。到了第三次會面時，孩子可以單獨與母親相處。而母親也透過女兒的輔導員協助，心裡不再有恐懼以及擔憂之心。

這個例子明顯表示，在陪同人員陪伴下進行的探視，能夠讓孩子與父母一方的關係再度緊密起來。當擁有探視權的家長送回孩子時，「陪伴性質」的探視可以讓「探視權症候群」的情況明顯減輕。

在約定好的會面往來進行中，若出現下列問題時，為了防止孩子失去與擁有行使探視權之一方的關係，「陪伴性質」的探視方式是絕對必要的：

1. 擁有行使探視權的父母一方濫用藥物或嗜酒如命。
2. 擁有行使探視權的父母一方，有尚待釐清的性侵害疑雲。
3. 擁有行使探視權的父母一方有精神方面的疾病，可能危害到孩子的福祉。例如：有相當嚴重的精神疾病，好比重度憂鬱症、嚴重的自殺傾向、處於失心瘋症狀及幻覺的精神分裂狀態。
4. 擁有行使探視權的父母一方，曾經有擄拐孩子的經驗。
5. 擁有行使探視權的父母一方一直不斷地詢問孩子問題。
6. 擁有行使探視權的父母一方，在孩子面前不斷地輕蔑或貶低對方。

「陪伴性質」的探視：所謂「陪伴性質」的探視，通常是由青少年兒童福利機構，或兒童保護協會，透過名譽會員所支援的。

不過，此種探視方式有個壞處，就是陪同人員對孩子而言，相當陌生。假如陪同人員是孩子親近的接觸關係人，因為他們已經認識很久了，對孩子比較有益，例如：乾爸媽、叔伯、（外）祖父母或年紀較長的兄姊（或繼兄姊）等。

假如處於青春期前期的孩子有所謂「護送」功能的朋友，他們也會被考慮在內，然而，在這類的案例中，必須要得到父母或監護人的同意。

由青少年兒童福利機構的社工人員，或保護兒童協會會員所進行的「陪伴性質」探視，陪同人員是由機關所任命的，一般來說，孩子與擁有行使探視權的父母一方對此不具有任何影響力。然而，假如陪同人員來自於親戚或朋友圈時，則另當別論。

此外，父母雙方是否同意由這個人擔任探視時的陪同人員，也必須列入重要的考量。假如父母一方有性侵害孩子的嫌疑時，陪同人員甚至可以要求陪孩子留下來過夜（通常是與父母關係良好的乾爸媽）。

倘若孩子在探視前覺得相當害怕，而要求他的輔導員擔任他的「保護人」，也行得

通。但是，假如出現所謂的性侵犯疑點而尚未釐清，再加上此種「陪同性質」的探視是由保護兒童協會或青少年兒童福利機構所執行的，則必須根據孩子的年齡與成熟度，給予他們一些具有說服力的解釋。

關於陪同的消息，最好是由與孩子同住的父母一方告知孩子。然而，所有訴訟程序的參與者其實都應該了解，孩子是如何得知此事。若是能好好地處理孩子所提出的問題，對於擁有行使探視權的家長也很重要。

不過，「陪伴性質」的探視方式在時間上必須有所限制，如果需要延長探視的時間，則必須重新提出理由，而這是指定「照顧性質」探視方式的家事法庭之任務。

我希望爸爸／媽媽，不要破壞新的家

傷心案例

偉明（十四歲）、冠華（十二歲），以及怡君（八歲）在父母離婚後，選擇跟著母親。在這段期間裡，母親與前夫以前的同事結了婚，還生了一個孩子。當孩子的生父從朋友口中得知前妻即將與別人結婚，他感到相當震驚，因而當著孩子的面，威脅要殺了前妻。

幾個月之後，父親與女兒仍保持聯繫，卻漸漸停止了和兩個兒子的接觸。導致兄弟倆非常嫉妒怡君，因爲她現在是父親唯一的「掌上明珠」。

自從母親冠了第二任丈夫的姓，怡君開始稱繼父爲「爸爸」之後，她也想和哥哥一樣，中斷與父親的聯繫。後來，父親向法庭極力爭取孩子的監護權，於是，法庭提出評鑑申請，目的是要釐清，父親與孩子的往來，是否如同母親所想的一樣，對孩子的福祉造成了威脅。在一次父親與孩子們的評鑑會面中，可以明顯地看出，他們三人全都拒絕與父親的會面往來。然而，與哥哥不同的是，怡君會不時地偷瞄父親，而與父親在遊戲時的互動，似乎明顯地比哥哥們好。

暫時中止探視的危險與必要性

在前述案例中，三個孩子在口頭上都表示，父親應該不要再來煩他們了，也別再打擾母親與繼父間的關係。他們嚴正地表示：現在已經有了一個新爸爸，不再需要舊的了。

有鑑於此，評鑑人員建議父親應該要放棄對他兩個兒子的探視權利，至於女兒怡君，則應該嘗試進行「陪伴性質」的探視，因為孩子所說的話，與她在父親面前呈現的舉動差異相當大。

偉明認為，父親因為對妹妹太過關注，所以，他和弟弟時常有被忽略的感覺。除了父親威脅母親表示要謀殺她以外，他對母親的態度也相當不好。偉明有次從他的同班同學口中得知，他們的母親被說成是妓女，而這個謠言正是從他們的父親口中傳出來的。偉明感到特別厭惡的是，父親總是自以為是地下決定，他認為父親應該不要再來煩他了，如果他想要與父親聯絡的話，他會自己去找父親。

冠華跟他哥哥有一樣的想法，他說：「父親應該不要再來煩我們了，這樣我們才可以跟繼父一起過著快樂的日子！」冠華和母親一樣，非常擔心生父會破壞現有的新家庭，而且他的心靈深處有種強烈的恐懼，擔心母親會受到父親的威脅。由此可知，停止行使探視權，對於偉明和冠華而言，父親不會因為親生父親這個身分而受到責罰，也不會剝奪他可能做個好父親的資格。

從發展心理學的角度來看，父母分居或離異後的孩子，能與無監護權的父母一方會面往來，是很有意義且重要的，同時，需要從不同的方面去審視父母離異後與孩子的接觸，對孩子的心理發展到底有何意義。為了尋求這個問題的答案，就必須要找出導致分離或溝通中斷的各項原因。

事實上，探視權一方面是為了確保維持重要的接觸關係人與孩子之間的關係。比方說，父母與孩子共同生活了好多年，現在卻離了婚，而為了避免一場過度傷感的分離，或者老死不相往來的後果，孩子亟需與沒有監護權的父母一方進行會面。另一方面，能夠認識「自己的根源」，並且知道自己被列入家譜行列中，也是正確的做法，而對於青春期階段的孩子尤其重要。因此，現今的臨床經驗也建議，必須盡可能地向孩子說明、解釋親生父母的相關事宜。

夫妻之間，如果仍有尚未解決的衝突以及敵對態度時，將會造成孩子很大的負擔，並且使孩子捲入一場病態的緊張氣氛中，進而危及到孩子的利益。在受到高度爭議的探視權之訴訟程序中，從心理學及兒童暨青少年精神科的角度來看，將從兩個層面來作評估：一方面，要能夠讓孩子與無監護權之父母一方建立起良好的關係；另一方面，必須保護孩子，避免因為不斷出現的負面經驗而引起創傷，使孩子得以免除受到父母衝突戰火的波及。

前述幾章裡頭已提到，父母不恰當的行為模式，以及衝突點，會使孩子將父母離異的罪責推給自己。孩子甚至會因父母一方以自殺作為威脅手段，而出現害怕失去與分離的恐懼感，並擔任代理母職與被功能化（傳聲筒、間諜等）的角色。

一般而言，在婚姻破碎的家庭中，父母都會**濫用孩子的精神與情緒反應**。

貼心補給站

濫用孩子的精神與情緒：在分居或離異的家庭中，父母一方與孩子間的所有互動與關係狀態，完全出自於父母一方的私心，只為了滿足該父母一方的願望，這嚴重地阻礙與影響孩子健全的發展。

針對法庭所提出，如「是否該將探視權之行為排除在外」等相關問題所做出的評鑑分析，在大部分的案件中獲得肯定的答案，其結果有下列的理由：

來自父母方面：

1.父母與家庭間的緊張氣氛（二十二％）。

2.違反良好行為之模範（十一．九％）。

3.孩子遭受到忽略、虐待以及性侵害（十一％）。

4.擁有行使探視權之父母一方的漠視（八．二％）。

5.擁有行使探視權之父母一方的疾病（三．七％）。

來自孩子方面：

1.孩子持相反的意願（二十一・一％）。

2.孩子融入一個新的家庭（十・一％）。

3.因為探視而出現的發展障礙（七・三％）。

4.年齡超過十四歲的孩子（六・四％）。

前述的理由中，經由評鑑人員統計，有五十五％的原因出在父母身上；而四十五％，則出在孩子身上。假如分析出來的結果是，應該限制父母與子女的會面往來時，也會產生與上述調查分析類似的結果。

而父母與家庭間的緊張氣氛、違反良好行為之模範、擁有行使探視權之父母一方的漠視以及疾病，以及性虐待，這些也是限制探視子女權利的主要因素。在所有探視權被限制的案件中，有三分之二建議以「照顧性質」的探視方式來進行。

若是最後的結論是，完全禁止父母探視子女，在大多數的案例中意指，家事法庭會逐漸限制擁有行使探視權之父母一方探視子女的時間長度，甚至會持續一段很長的時間。

假如十四歲以上的青少年，不想再和父母另一方會面往來時，法庭必須尊重他們的意願，並且裁定不再硬性規定，此年齡層的青少年必須與無監護權之家長進行探視。

若是法庭考慮禁止父母探視子女一事的原因，是因為孩子對父母一方的探視行為出現了反抗之意，換言之，孩子極力地拒絕與該父母一方會面往來，當發生這種狀況時，對擁有行使探視權之父母一方而言，暫時放棄探視權或許較為有利。這麼做，是為了讓孩子知道，從法庭的角度來看，與父母一方的會面往來其實頗具意義；而且也不會違反孩子的意願，強迫其進行探視的行為。

除此之外，假如孩子已達到青少年年齡階段，而且又再度對「自己的根源」感興趣時，對於大多數擁有行使探視權，且形單影隻的父母一方而言，不再有當初「被人遺棄、讓人貶低」的感覺，因為在未來的日子裡，將會有更好的機會，與孩子重新建立起良好的聯繫。

然而，也會出現例外。舉例來說，假如擁有行使監護權的父親，由於觸犯刑法而入獄服刑（像是戀童癖），並且因為與仍在幼稚園的兒子會面，而遭到起訴。此時，探視只能在監獄裡進行，而且母親必須向孩子解釋為何父親人在監獄裡，這往往超過她的能力範圍。

在這類極端的案例中，基於孩子的畏懼感，再加上母親拒絕探望正在接受刑責或在看守所的前夫，「陪伴性質」的探視則往往是「最後的一步棋」。然而，若是此種探視能順利進行，也都是受到限制的探視（與見面的時間長短有關）。

離婚法律一點通

Q1 台灣的法律中，有關於探視權的相關規定嗎？

蔡家豪律師：

民法當中有規定，未行使權利負擔義務之一方，可以透過法院酌定與未成年子女會面交往之方式或期間（即俗稱之探視權）。

參考法條：

民法 第1055條第五項	法院得依請求或依職權，為未行使或負擔權利義務之一方酌定其與未成年子女會面交往之方式及期間。但其會面交往有妨害子女之利益者，法院得依請求或依職權變更之。

Q2 探視權只是父母的權利嗎？或者其實是一種義務？

蔡家豪律師：

探視權在台灣是權利，不是義務，所以即使沒有監護權的一方從來都不去探視

小孩，也無法強制沒有監護權的一方來探視小孩。另外，不行使探視權並不會有任何損害賠償責任產生。

Q3 通常又是如何決定探視權的相關事項呢？（例如：應該由誰接送孩子）

蔡家豪律師：

如果雙方是協議離婚，對於孩子的探視也透過協議方式的話，自然就是照雙方協議內容來探視，如果是法院判決離婚，在訴訟當中，雙方自然會針對將來如果判決離婚，則孩子的監護權歸屬及探視期間、方式等問題進行提問，法院也會充分令雙方皆表達意見。

參考法條：

民法 第1055條 第一、五項	夫妻離婚者，對於未成年子女權利義務之行使或負擔，依協議由一方或雙方共同任之。未為協議或協議不成者，法院得依夫妻之一方、主管機關、社會福利機構或其他利害關係人之請求或依職權酌定之。

沒有監護權的一方一定有探視權。至於探視的方式，則由夫妻雙方協議。

法院得依請求或依職權，為未行使或負擔權利義務之一方酌定其與未成年子女會面交往之方式及期間。但其會面交往有妨害子女之利益者，法院得依請求或依職權變更之。

民法 第1055-1條

法院為前條裁判時，應依子女之最佳利益，審酌一切情狀，參考社工人員之訪視報告，尤應注意左列事項：

一、子女之年齡、性別、人數及健康情形。

二、子女之意願及人格發展之需要。

三、父母之年齡、職業、品行、健康情形、經濟能力及生活狀況。

四、父母保護教養子女之意願及態度。

五、父母子女間或未成年子女與其他共同生活之人間之感情狀況。

民法 第1055-2條

父母均不適合行使權利時，法院應依子女之最佳利益並審酌前條各款事項，選定適當之人為子女之監護人，並指定監護之方法、命其父母負擔扶養費用及其方式。

Q4 多久探視一次比較好呢？（時間是否要固定？）

蔡家豪律師：

如果由法院判決探視之方式、時間等，法院判決會清楚載明見面的方式、時間等，所以時間通常都會固定，例如：每週或是隔週的星期六幾點到星期日晚上的幾點，由他方負責至固定地點接送，並共同居住生活。

Q5 在非探視時間私自與孩子見面，會觸法嗎？

蔡家豪律師：

如果父母一方經常私下與孩子見面，而有妨害孩子之利益時，法院可職權變更之，最嚴重可能會被剝奪原本就有的探視時間。

參考法條：

民法第1055條第五項	法院得依請求或依職權，為未行使或負擔權利義務之一方酌定其與未成年子女會面交往之方式及期間。但其會面交往有妨害子女之利益者，法院得依請求或依職權變更之。

協議探視權時必須很慎重，因為離婚夫妻做的決定，不只關於現在，而是一段很長的時間。

Q6 其他關係人（如祖父母、兄弟姊妹等）的探視權，是否受到法律的保障呢？

蔡家豪律師：

民法並沒有規定祖父母或是兄弟姊妹的探視權，所以就這個部分只能透過當事人之間的溝通、協調，以免造成衝突，進而影響到孩子。

Q7 父母一方覺得有必要中止探視時，可以尋求哪些法令的支援呢？

蔡家豪律師：

可以向法院請求變更未行使權利、負擔一方與未成年子女之會面、交往方式、期間，但是必須向法院釋明現行之會面、交往方式將有妨害子女之利益情形發生，如果有家庭暴力事件發生，則依家庭暴力防制法第44條，請求法院改定之。

參考法條：

民法第1055條第五項	法院得依請求或依職權，為未行使或負擔權利義務之一方酌定其與未成年子女會面交往之方式及期間。但其會

	面交往有妨害子女之利益者，法院得依請求或依職權變更之。
家庭暴力防制法第44條	法院依法為未成年子女酌定或改定權利義務之行使或負擔之人或會面交往之裁判後，發生家庭暴力者，法院得依被害人、未成年子女、直轄市、縣（市）主管機關、社會福利機構或其他利害關係人之請求，為子女之最佳利益改定之。

Q8 在什麼樣的情況下，會強制中止父母行使探視權？

蔡家豪律師：

如果與未成年子女的會面、交往方式、期間已經遭到法院變更，則可強制已遭剝奪、限制之一方不得繼續行使探視權，如果有涉及犯罪之情況，直轄市、縣（市）之主管機關應予緊急保護、安置或為其他必要之處置，前述所提到之家庭暴力事件亦有可能改變探視權之行使。

醫生判定孩子有探視權症候群，父母雙方可以向法院提出更改探視權方式的請求。

參考法條：

民法第1055條第五項

法院得依請求或依職權，為未行使或負擔權利義務之一方酌定其與未成年子女會面交往之方式及期間。但其會面交往有妨害子女之利益者，法院得依請求或依職權變更之。

兒童及少年福利法第30條

任何人對於兒童及少年不得有下列行為：

一、遺棄。
二、身心虐待。
三、利用兒童及少年從事有害健康等危害性活動或欺騙之行為。
四、利用身心障礙或特殊形體兒童及少年供人參觀。
五、利用兒童及少年行乞。
六、剝奪或妨礙兒童及少年接受國民教育之機會。
七、強迫兒童及少年婚嫁。
八、拐騙、綁架、買賣、質押兒童及少年，或以兒童及少年為擔保之行為。
九、強迫、引誘、容留或媒介兒童及少年為猥褻行為或性交。
一〇、供應兒童及少年刀械、槍、彈藥或其他危險物品。

一一、利用兒童及少年拍攝或錄製暴力、猥褻、色情或其他有害兒童及少年身心發展之出版品、圖畫、錄影帶、錄音帶、影片、光碟、磁片、電子訊號、遊戲軟體、網際網路或其他物品。

一二、違反媒體分級辦法，對兒童及少年提供或播送有害其身心發展之出版品、圖畫、錄影帶、影片、光碟、電子訊號、網際網路或其他物品。

一三、帶領或誘使兒童及少年進入有礙其身心健康之場所。

一四、其他對兒童及少年或利用兒童及少年犯罪或為不正當之行為。

兒童及少年福利法 第36條

兒童及少年有下列各款情形之一，非立即給予保護、安置或為其他處置，其生命、身體或自由有立即之危險或有危險之虞者，直轄市、縣（市）主管機關應予緊急保護、安置或為其他必要之處置：

一、兒童及少年未受適當之養育或照顧。

二、兒童及少年有立即接受診治之必要，而未就醫者。

三、兒童及少年遭遺棄、身心虐待、買賣、質押，被強迫或引誘從事不正當之行為或工作者。

四、兒童及少年遭受其他迫害，非立即安置難以有效保護者。

除非有重大事由，如性侵害孩子等，否則不會強制阻止父母行使探視權。

直轄市、縣（市）主管機關為前項緊急保護、安置或為其他必要之處置時，得請求檢察官或當地警察機關協助之。

第一項兒童及少年之安置，直轄市、縣（市）主管機關得辦理家庭寄養、交付適當之兒童及少年福利機構或其他安置機構教養之。

兒童及少年福利法 第48條

警察人員處理家庭暴力案件，必要時應採取下列方法保護被害人及防止家庭暴力之發生：

一、於法院核發緊急保護令前，在被害人住居所守護或採取其他保護被害人或其家庭成員之必要安全措施。

二、保護被害人及其子女至庇護所或醫療機構。

三、告知被害人其得行使之權利、救濟途徑及服務措施。

警察人員處理家庭暴力案件，應製作書面紀錄；其格式，由中央警政主管機關定之。

家庭暴力防制法 第44條

法院依法為未成年子女酌定或改定權利義務之行使或負擔之人或會面交往之裁判後，發生家庭暴力者，法院得依被害人、未成年子女、直轄市、縣（市）主管機關、社會福利機構或其他利害關係人之請求，為子女之最佳利益改定之。

Q9 當擁有探視權的父母一方不適合與子女單獨見面，但又希望探視子女時，台灣有由兒童福利等機構之社工人員陪同探視的相關機制嗎？

蔡家豪律師：

如果不適合的原因是家庭暴力施暴者之一方要行使探視權，則可以由法院指定第三人或機關、團體監督會面交往。

參考法條：

家庭暴力防制法 第45條	對於依少年事件處理法所轉介或交付安置輔導之兒童及少年及其家庭，當地主管機關應予以追蹤輔導，並提供必要之福利服務。 前項追蹤輔導及福利服務，得委託兒童及少年福利機構為之。

很多非監護人的家長一方會跑去學校看孩子，可能會造成孩子的心理負擔。

陪孩子走過父母離婚的傷心路

當一個完整家庭轉換為單親家庭，父母該如何調適自己的心情、並且在離婚過程中，和孩子擁有良好的互動，以及如何用正確的態度面對孩子，都將影響孩子的心靈成長。

Part 6

爸爸／媽媽分居或離婚，我還是我嗎？

爸媽離婚後，兄弟姊妹會去哪？

傷心案例

子繼（十七歲）和裕文（十五歲）以及郁蓉（十一歲）和菲菲（六歲）的爸媽離婚了。

父母分居後，母親馬上與兩個女兒一起搬出去住，有一次，女兒去探望父親時，她們請求父親讓她們留下來，父親表示這件事得和母親商量過才行。於是他和兩個女兒以及裕文前往妻子住處，打算好好地談這件事。

豈料，母親拒絕丈夫與女兒的要求。據說她表示，假如丈夫能付給她一筆足夠的錢，他就可以把兩個女兒帶走。

接下來，母親請求法庭的協助，獲得女兒的歸還權，法庭派執法人員將兩個女兒帶離父親的住處，兩個女兒哭得聲嘶力竭，極度不願離去。

因爲妹妹們「被人帶走」，使裕文不想再與母親有任何瓜葛。自此之後，母親更少讓女兒去見她們的父親，以此做爲報復。

父母離異後，兄弟姊妹該何去何從？

延續前述的傷心案例，在一次評鑑會談中，郁蓉說：「當我跟爸爸在一起時，我就很想媽媽；而當我跟媽媽在一起時，我就很想爸爸。」即使如此，她卻寧可跟著爸爸。相反地，菲菲卻表示她想跟著媽媽，然而，當問及所謂的「**魯賓遜問題**」時，她卻說出令人瞠目結舌的答案：「我的哥哥！」

魯賓遜問題：所謂的魯賓遜問題，就是請孩子思考：「你可以假想看看：當你必須在一座荒島上生活，但你只能找身邊的任何一個人陪妳，妳會找誰呢？」

評鑑人員分別與這對姊妹進行短暫的對談，他們告訴郁蓉，菲菲想要和母親同住的事。郁蓉堅決地再次申明，雖然菲菲想和媽媽同住，但她還是要和爸爸在一起。在這種棘手的情況下，評鑑人員建議法庭以及父母親，試著讓郁蓉與父親至少同住半年，並且觀察菲菲與她能否忍受這段分開的日子，然後再決定她們最終的去處。

在這個案例中，表現出分配孩子一事的困難度，由此可知，假如兄弟姊妹之間的感情非常好，而且他們對父母雙方又存在著強烈的矛盾心理時，實在無法明確地預知，孩子們對兄弟姊妹分離一事的反應如何。

在這些情況下，父母必須有勇氣正視它，並且一同嘗試各種狀況，以做出最好的選擇。

關於「父母分居或離婚，對兄弟姊妹之間的關係有何影響？」這個問題，相當難以回答，因為其中牽連到許多因素。

一方面，兄弟姊妹間年齡的差距是個關鍵，因為他們之間的年齡差距大，彼此的成長階段與興趣嗜好的落差就越大；假如是雙胞胎或年齡差距較小的兄弟姊妹，一般來說，他們之間的關係會非常親密。另一方面，因為父母分居或離異，使得兄弟姊妹彼此間不是競爭得更激烈，就是消弭彼此心中的隔閡。

如先前所提及，兄弟姊妹的人數也同等重要。至於是否有同父異母或同母異父的兄弟姊妹，甚或繼手足，彼此因為年齡、共同的興趣或同性關係，而對孩子們產生了何種意義，同樣值得探討。

兄弟姊妹與父母之間的關係，其親暱度是否各不相同，這在兩個或三個孩子的家庭中最能顯現出來，因為跟爸媽比較親的孩子通常比較愛黏著父母，就法律的層面來說，同樣深具意義。

假如擁有眾多孩子的家庭，最終仍不免走上分居或離異之途時，接下來往往會面臨到以下的問題：兄弟姊妹是否應該住在一起？還是為了能讓他們獲得更多福祉，而將他們分別送往其他住處？

對於家中只有兩個孩子而言，或許比較好處理，不過家裡若有三個，甚至多個孩子，則會造成極大的難題。

假如獨自一人與父母一方同住的孩子，改與父母另一方以及他的兄弟姊妹同住，而原本與其同住的父母一方獨自離去，此時，父母另一方狀似擁有所有的孩子，好比是這一場「離婚事件的勝利者」。

若家裡出現了由父母親的新伴侶所帶來的繼手足，家中孩子的「倫理順序」將會出現新的分配，可能會影響到離婚後的生活穩固性與否。在這種情況下，孩子們並不會對父母的新伴侶關係作出任何回應。而且，從親生父母親一方所得到的負面教育經驗，有時候，可以透過與新的父母一方（即繼父母一方）之良好互動的關係做適當地修正。

在離婚後，母親若進入一段新的婚姻生活，同時放棄本姓，改從其第二任丈夫的姓氏，而離婚後孩子的監護權歸母親，則會產生變更姓氏的問題。

當孩子們期望與前段關係劃清界線時，他們會欣然接受繼父的收養，也就是說，倘若母親的新任丈夫（即繼父）想要收養妻子的子女時，孩子的親生父親則會喪失所有對孩子的權利和義務，而這些問題將會在第七章進行詳盡地論述。

*不同的兄弟姊妹關係

一般而言，有三種不同的兄弟姊妹關係形式：第一種是親密的手足之愛。也就是所謂「**格林童話『糖果屋』**」的現象。

> **貼心補給站**
>
> **格林童話「糖果屋」**：故事是描寫一對感情深厚的可憐兄妹，因受繼母的嫌惡，被棄置於深山中，兄妹倆於森林裡看見一間用巧克力及糖果做成的房子，欣喜之餘卻落入專吃小孩的巫婆手中，最後憑著兩人的機智順利逃脫，返回家園。

親密的手足之愛，包含了「非理性的盲目愛情」的成分，這種狀況，只會來自於某種情感深厚的家庭狀態，例如：失去父母之愛的家庭。

第二種形式是指手足之間的競爭，其中包括了有建設性的，以及具有破壞性的競爭手段。這些行為通常在孩子進入成年階段就會減少，但也有可能持續下去。

第三種形式可以被視為手足之間的向心力。此種向心力，令人感覺非常親近，其建立在相互信賴、了解以及幫助的基礎之上。

兄弟姊妹也可以感性的一面相互「占有」，而這在繼手足之間並非不尋常。然而，他們也是彼此社會化過程中的輔導者，也就是所謂的指導教師或「助跑員」；換言之，他們可以成為別人的幫手，例如：兄姊們代替弟妹們做一些他們想做，卻沒有能力做到的事。

如果改變父母分居或離異後的兄弟姊妹關係時，由以下的角度去觀察，極為有益：父母分居或離異，指的並非短暫的家庭危機，而是關於生活的大小事，由於這些事情在不同時間與層面，皆會有所影響，所以必須視觀察的時機點而定。

「兄弟姊妹對彼此來說有何意義」的這個問題，不論是在離婚前的「情緒上的分離」時期，或是正處於離婚階段，還是離婚後的「精神上的離婚」階段，在這些不同的情況下，孩子會有不同的答案。

前述所列舉的觀點，根據實驗可以得到驗證。心理專家針對父母離異後，兄弟姊妹之間的關係所作的實驗裡，得知以下的結論：「父母離婚會使得兄弟姊妹之間的感情更緊密，這些表現在正面以及負面的情緒裡。一方面，兄弟姊妹會有相互支持的作用，換句話說，兄弟姊妹通常在父母分居或離異後仍然維持彼此的關係，而這也是造成他們更加團結的因素。此外，他們不會拋棄所有的心理包袱，有時甚至還會聯合起來與父母對立；另一方面，兄弟姊妹會成為相互競爭的對象，他們尤其會為了爭奪父母分開後，在時間及情感上日漸減少的關愛。」

根據監護權評鑑書顯示，所有的鑑定書中，有七成的評鑑人員提議將孩子們分配給父母雙方，同時孩子們也明顯地表達出他們不同的意願。一般來說，孩子們會表示他們想要和家長一方同住，但並不表示他們不願意和兄弟姊妹一起長大，另外，父母與子女的會面往來將會因此變得比較容易。

如果受到父母離異之苦的孩子，極力贊同分配兄弟姊妹給父母雙方一事，以及他們與父母雙方的關係各不相同時，則可以考慮進行兄弟姊妹之分配。同樣地，假如父母雙方均同意此事為解決方案，那麼就可以考慮「子女分配」的選擇。

此外，在個別案例中，可能存在以下的情況：假如孩子們被分配到兩個家庭，兄弟姊妹不僅可以相互探望，而且在探視父母另一方時，孩子與父母雙方的接觸則會更有保障。

前述的這種分配方式，將能確保父母任一方不會有全盤皆輸的感覺，不過，只有在兄弟姊妹間的感情相當融洽，彼此之間的關係沒有受到任何影響時，才會產生此種結果。

如前所述，假如分居或離異後，父母一方因為經濟或社會因素無法養活所有的孩子時，視情況而定，子女可以被分配給父母雙方。

但若出現以下的狀況，則不應進行子女的分配：孩子們堅持無論如何都要住在一起，而父母雙方達成共識時；或是兄弟姊妹之間的感情超乎他人想像的濃厚，並能相互支持，前述這兩種情況，能夠讓兄弟姊妹彼此更能平穩地度過父母離異後的生活。

筆者在此作個總結：如果父母分居或離異，兄弟姊妹之間是否樂於相助、互相扶

持，以及「孩子跟著其他兄弟姊妹是幸福或是不幸」等問題，無法輕易地回答「是」或「否」。

因為兄弟姊妹間關係的親密度不能做為評估的唯一標準，這種情況也可能成為對抗父母某一方的聯合陣營，長時間下來，甚至會危害孩子身心健全的發展。

相反地，兄弟姊妹間的意見分岐也可能表示，他們寧可選擇爭吵，也不願分離。兄弟姊妹間的爭執，特別容易發生在青春期階段，也可能發生在個人主義思維發展萌芽之初。

不過，根據最新文獻出現以下論述：「兄弟姊妹之間的關係，可能因為在父母分居或離異所產生的緊張氛圍裡，轉變為負面的關係，極少有轉變為正面的現象。事實上，隱藏在兄弟姊妹關係間的潛力，不只能夠在治療與家庭諮詢程序的範圍裡善加利用，同時也影響到整個分居或離異過程，以及決定是否會減輕或加深離婚後家庭生活的重建以及向心力。」

我有了新的爸爸／媽媽！

傷心案例

小芬（十二歲）、鈞平（十歲）以及世銘（九歲）的父母親在兩年前就分開了，然而，父親始終無法接受母親已有新對象的事實。

在兩人離婚之前，父親曾經企圖自殺三次。有一回，小芬正巧親眼目睹爸爸拿著廚房的刀子揚言要自殺，而他也當著孩子的面抱怨，因爲他嗑藥，所以孩子根本不想看到他。

後來，母親再婚了，繼父很想收養孩子們，可是父親卻死都不肯讓步，而小芬也不想跟父親斷了關係。於是母親勸她，一定要告訴繼父她與生父並沒有保持聯絡，否則繼父會覺得，小芬跟她的兩個弟弟好像都不喜歡他。

鈞平跟姊姊一樣，時常瞞著母親和繼父，偷偷地去看他們的父親，大約持續了一年半的時間。

他甚至打算，即便繼父收養了他們，他還是會偷偷地去找父親。漸漸地，鈞平的行爲變得異常，最後不得不接受精神治療。

繼親家庭的疑難問題

根據前述的傷心案例可以知道，母親離婚後組成了「**繼親家庭**」，由於鈞平對於偷偷探視父親有著極為強烈的罪惡感，因此，他很想馬上回到母親、繼父以及姊姊和弟弟的身邊。而母親極力想要跟父親劃清界線，並且希望以收養孩子的方式，做為完全阻隔與他有任何往來的手段。

最後，評鑑人員的建議是：先不要急著實行收養孩子的計畫，同時，不要給予孩子們過多的壓力，不然可能導致他們陷入忠誠度的衝突，而生父應該要跟孩子們保持距離，不要再和他們祕密會面。母親及繼父也必須了解孩子們與生父的接觸，對於他們嶄新的生活絕對不會造成任何威脅。

貼心補給站

繼親家庭：所謂「繼親家庭」指的是一對結了婚的夫妻，其中至少有一方不是孩子的親生父親或母親的家庭。當然，繼親家庭也可能因為父母其中一方的死亡而產生。

然而，倘若撇開此項不談，當父母雙方各自都有了新的對象時，對於飽受父母離異之苦的孩子而言，同時擁有兩個繼親家庭，是特權，也是不幸。

一個家庭的父親或母親的角色由外人來接替，成為替代父親或母親，而且也可能很快地被孩子稱為「爸爸」或「媽媽」，對許多（繼）父母而言，實在很難理解這個稱謂的過分濫用。

然而，大多數再婚的母親，此時與前任伴侶的關係已經相當惡劣，而且心中始終懷抱著希望，盼望一切能夠重新開始，也期待全新的婚姻能夠終結第一段婚姻裡的不愉快。不過，一切都只是幻想，因為曾經發生過的事，無法輕易地抹煞或刻意壓抑，反而應該要勇敢地去面對、克服它。

＊孩子對於新家庭的反應

孩子對分居後父母所交往的對象，在不同的分居過程中，會表現出不同的反應。例如：當孩子支持試圖挽回婚姻而努力的家長時，那麼孩子絕對無法接受父母另一方的新伴侶，因為他（她）的存在，父母復合的機率將會降低。

倘若孩子的想法與同住的父母一方相近，也就是說，他們一致認為：家裡以往那些可怕且永無休止的爭吵，總算可以結束了。再加上家裡多了個新成員，等於是開啟全新的契機，為了向父母一方表明自己與其有相同的立場，孩子肯定會不假思索，馬上接受未來的繼父或繼母。

假如孩子為了與繼父共同組織一個新的家庭，並且重新從傷痛中站起來，而必須斷

絕與生父的所有聯繫時，孩子內心潛藏的罪惡感便會油然而生，反而會讓孩子出現更強的防衛心。

尤其是年紀還小、生活上非常依賴父母的小孩子，他們「註定」要承接擁有監護權的家長看待事情的方式。因為他們不願意破壞一個長久以來殷切盼望、全新、和樂的家庭生活。

如果父母費了九牛二虎之力，好不容易才離婚，而且孩子的監護權最後歸母親所有時，未來若家裡出現新成員，多多少少都會威脅到母子之間原有的關係。除非孩子早已不再考慮生父與生母之間是否有復合的可能，否則他們對於新成員的出現，將會抱持懷疑或拒絕的態度。

*單親父母對於再婚的恐懼

一些離婚且獨立扶養子女的單親父親或母親，經常會因為孩子而放棄追求第二春。其實是因為在他們的心裡隱藏著莫名的恐懼感，深怕再次陷入與前段婚姻類似的危機。對於那些獨自扶養子女的單親父親或母親而言，新伴侶對孩子全面性的接受度會如何？尤其是當他們也帶著與前妻或前夫所生的孩子時，會因為親生的孩子比較親近而偏愛他嗎？

正因為新組織的繼親家庭，夫妻兩人很難對彼此坦承一切，所以雙方對一家和樂的期望會特別明顯。如此一來，將會導致以下的結果：過去的伴侶，此時被視為破壞家庭和樂的始作俑者，甚至永遠被排除在外。

那些在前次婚姻曾經受過創傷的人，組成新家庭後，會認為過去的伴侶不應該打擾這個好不容易復原的幸福家庭生活。若幸福的生活尚未如同婚姻受創者心中的期望或幻想般穩定，那麼過去的伴侶便會成為破壞新生活的代罪羔羊。

因為親子之間期盼彼此能更親近，使得尚未進入青春期階段，或正值青春期的女孩與繼父間的關係更靠近，甚至可能帶著亂倫色彩。而根據調查顯示，性侵害的發生率在繼父與繼女之間，比在親生父女之間還要頻繁。

此外，許多由繼父或繼母帶到新家庭的繼手足，可能因為感情和諧而成為新的兄弟姊妹，也可能為了互相爭奪父母之愛而成為隱性的競爭對手。

在新組成的繼親家庭裡，孩子不時會在心中浮現一種感覺：這是一個嶄新且完整的家庭，同時可以擺脫過去那個支離破碎的家庭狀況。

直到離婚的父母一方再度結婚，孩子一直以來期望父母能再度復合的幻想才會真正瓦解，所以多數的孩子，往往會以忘卻這些想法，或陷入兩極化的情境來適應新環境。假如繼子進入了青春期，對自己的血脈緬懷不已，或很想認識自己的親生父母時，他與繼父母之間的關係可能因此越來越糟。

一般來說，繼父對青少年的態度比生父還要沒有同理心、缺乏寬容心、較具權威性

也較不苟言笑。再加上，繼父對於母親極力保護孩子的狀況，使繼父對孩子產生了妒嫉的情緒，換言之，繼父與孩子在搶奪母親之愛。於是，母親陷入一場介於孩子與丈夫之間嚴重的忠誠度衝突，反而造成配偶關係出現巨大的危機，而孩子所承受的壓力也會更大。

當孩子生活在新組成的繼親家庭中，其失去監護權的家長一方最大的擔憂在於：害怕失去自己的孩子，害怕孩子會將對親生父母的愛「轉讓」給繼父或繼母，最壞的情況是，孩子會將親生父母完全排除在外。不然，這種恐懼感無可避免地，必定會轉變成對另一半新伴侶的妒嫉之情。

事實上，父母離異後，雖然孩子對母親存在著矛盾的情感，但實際上他們與母親的關係卻遠比父親還要親近，但是，當他們無法接受父親的新伴侶時，他們心中同樣地也會出現害怕失去父愛的恐懼感。

孩子為了維護母親（事實上已經狠心離去）在心中是一個「好母親」的形象，因此，在他們的內心深處才會出現狠心繼母的負面標籤。而父親的新任妻子則成為「伊底帕斯階段」的競爭者，而且在女兒的心中，會出現所謂的「**灰姑娘症候群**」，繼母成為與孩子競爭的角色。

貼心補給站

灰姑娘症候群：此處所謂的灰姑娘症候群，意指孩子認為繼母會無端地虐待她，猶如童話故事中的「灰姑娘」一般楚楚可憐。

換句話說，在繼親家庭裡會出現與「外來者」的新關係，或許會在孩子的內心深處增強他們與親生父母過往的衝突點。為了適當地因應孩子對父母一方新配偶的反應，父母雙方需要對孩子表達更多關懷心以及寬容心。若這樣的關係出現「盲點」，為了要解開在孩子心中萌芽的雜亂、複雜關係，千萬不要害怕尋求權威性的第三人協助。

變更姓氏的困難與問題

父母離異後，孩子變更姓氏的問題往往導致親生父母之間激烈的爭執，要在父母雙方的姓氏上做抉擇，將會造成孩子對父母的忠誠度衝突更加嚴重，因為具有探視權的家長會認為孩子放棄了姓氏，等於放棄了另一方家長，從孩子變更姓氏起，他們將完全被排除在孩子的生活圈之外。

就心理層面來看，孩子取得一個家庭的姓氏，表示得到家庭身分的認同，也表示他們隸屬於這個家庭，是這個家的一分子。而依照今日的父系社會，子女仍然是從父親的

姓氏為主。

假如父母離異，孩子歸母親所有，也就是說，她擁有獨立行使子女監護權的權利，此時母親可以回復其本姓，並且向法庭申請孩子變更為她的姓氏。在其他案例中，也有孩子接受變更為繼親家庭的姓氏，因此，變更姓氏適用於下列兩種不同的情況：

1. 離了婚帶著孩子的母親，離婚後即回復本姓，並且申請變更孩子本姓，改從母姓。也就是說，孩子將以母親的姓氏作為自己未來的姓氏。

2. 離了婚帶著孩子的母親再婚，這時她放棄本姓，改從第二任丈夫的姓氏，同時也想申請變更孩子本姓，改從繼父之姓氏。也就是說，孩子將以繼父的姓氏作為自己未來的姓氏。

如何能證明，改姓母親或是繼父的姓氏得以增進子女的最佳利益？當融入新組織的繼親家庭的姓氏時，往往會出現以下的情況：假如擁有監護權的父母一方（多半是母親，但也可能是父親）在離婚後回復本姓，或是她再婚並放棄本姓，改從其第二任丈夫的姓氏時，對於孩子的日常生活將會造成極大的困擾。

比方說，有人打電話找母親或繼父，而當孩子接起話筒時，卻報上了他以前的姓氏，此時對方可能以為自己撥錯號碼而掛上電話。或是擁有監護權的母親離婚後搬了家，鄰居或學校裡的人可能不清楚孩子的媽媽就是他的親生母親，正是因為她放棄本姓，改從再婚丈夫之姓氏。

假如孩子因此受到嘲弄，可能會導致孩子心中產生憤恨、不確定感以及其他的負面影響。倘若母親與新的對象同居或結婚（在此意指：其妻不改從其夫之姓氏），那麼在一個家庭裡會出現三種不同的姓氏：孩子保留親生父親的姓氏、母親回復本姓，和新配偶的姓氏。

另外，也有母親再婚，並且冠夫姓，而丈夫保留本姓；或是反過來，夫冠妻姓，而妻子保留本姓。假如在這種特殊的情況下，三個人擁有三種姓氏，孩子對自己身分的認同感，以及對家庭成員的歸屬感，將會更加迷惘。

＊變更本姓與親生父母劃清界線

如果孩子與無監護權的父母一方許久未聯繫，尤其是當父親並未行使探視權，而孩子感到無比絕望時，他可能會選擇與母親類似的作法，以完全與父親斷絕關係來作為回應，同時也會變更本姓，藉以劃清界線。

心理學的層面也證明，無監護權的父母一方中斷了親子間的聯繫，則有所謂「割斷臍帶」的意味。然而，擁有監護權的父母一方往往會堅持申請變更姓氏，因為申請變更姓氏，在某種程度上，被當作雙方「戰爭」的一項利器。

例如：一位在離婚後回復其本姓，同時也要求兒子變更姓氏的母親說道：「誰多年來逃避擔負撫養義務的責任，誰就必須喪失共同決定兒子姓氏的權利。」然而，父親卻反駁，是母親想要以變更家庭姓氏作為報復手段，迫使他疏遠兒子。

假如孩子的姓氏與無監護權的父母一方相同，而此父母一方曾犯下重刑或為過失犯罪者。例如：父母一方是個人盡皆知的強暴犯時，若孩子繼續使用他的姓氏，孩子必然會對自己的身分感到羞恥，這也是從孩子（或擁有監護權的父母一方）的角度出發，來決定變更姓氏的理由。

聖經裡有句話：「你以我的名而生，所以你是我的。」此話使得父母離婚後，因姓氏問題而起的爭執裡，出現了一個新論點：一個家庭的姓氏可追溯至父系之數十個世代，因為過去總以男人的姓氏做為世代香火的傳承。然而，近幾年來，在兩性平等的社會中，以女人的姓氏傳承，已不再是個問題。

但在這種狀況下，使得祖父母得去確認，當媳婦離婚後變更姓氏，他們的孫子、孫女變更姓氏的可能性，他們會因此出現不確定感，心裡也將受到極大的傷害。同樣地，父親與祖父母也有相同感受，因為子女變更姓氏就好比他們的個人身分被「徹底摧毀」，對當事者而言，等於過去共同擁有的一切完全被「刪除」。不過，在許多案例中，雙重姓氏卻無法那麼簡單地化解孩子、父母以及祖父母之間的問題。

但是，若變更姓氏只為了掩飾孩子來自於單親家庭，並不構成變更姓氏的理由；同時母親也不應該藉由變更姓氏，來幫助孩子隱瞞他有兩個父親的事實；孩子的期望，以及拒絕與父親進行會面，通常不足以達到變更姓氏的要求；只為了向外界宣布（繼親）

家庭的一體性，也不能做為變更姓氏的理由；同樣地，孩子不必為了對學校同學做出聲明而變更姓氏，因為受譏諷的情況只是暫時性的。

在法庭判決書中可以看到，變更姓氏的合法理由是：假如父母一方漠視孩童福祉，且住處不明，以及未來再婚時可能放棄己姓，而改從其再婚之配偶姓氏，或無法提出任何反對孩子變更姓氏的具體理由，而僅以存疑的態度表示變更姓氏可能危及到孩子的利益時，可以合法申請變更姓氏。而父母另一方許久未與孩子聯繫，也表示出無所謂的態度時，也能成為變更姓氏的其中一個原因。

實際上，親子間剩餘的聯繫不應憑藉外在的形式。以姓氏的結構而定，真實的、彼此相互感受到的聯繫才是最重要的。假如與分居的父母一方只有名稱上的關係，改姓對於這層關係也只是微不足道的影響罷了。值得注意的是，這裡提到的所有原因皆是「可以去執行，但非必須性」，因此，父母一定要依照不同情況來決定。

爸爸／媽媽的最後戰役

傷心案例

明億（十六歲）以及明傑（十四歲），是母親在第二次婚姻時與離婚兩次的丈夫所生。

母親的第四任丈夫，正在申請收養他們爲養子。離婚後，孩子監護權歸母親所有，因此，父親與孩子的接觸越來越困難，孩子也強烈抗拒父親，不願見他。

而母親的第三任丈夫對明億和明傑曾有過性騷擾，所以，母親禁止孩子的親生父親去看孩子，使得親子會面停頓下來。

後來父親接受了孩子的心理治療師勸告，暫時放棄兒子的探視權，不去打擾他們的生活。

這時，父親採納明億的治療師之建議，寫了封信告訴明億，他對兒子從沒關上心房，可是這封信孩子們卻沒有收到。當父親寄出的信沒有得到任何回音之後，他不再要求與孩子會面。另外，父親一直懷疑明傑不是他的親生孩子，但卻從未做過任何血緣關係的鑑定，這件事導致父親和明傑的關係疏遠。

幾年後，父親因爲一場短暫的疾病必須放棄工作，在他領取社會救濟金之前，從未間斷支付孩子的扶養費用。

孩子的收養問題

前述的傷心案例還有後續發展，當繼父提出收養申請的前三年，希望讓孩子與親生父親斷絕往來，因此，繼父為兩個兒子申請變更姓氏。而父親為了確認明傑與他的關係，特別和孩子進行最後一次會面，並且做了血緣關係的鑑定分析。

不過，明億在母親梅開四度時，就已在學校變更自己的姓氏。當明億被問及收養一事對他有什麼意義時，他告訴鑑定人，這代表他能跟繼父一起過正常的生活，並且終於擺脫親生父親的一切。然而，從心理學的角度來看，這其實是個虛幻的假象。即使與父親決裂，或父親的形象在孩子心中產生負面影響，這層父子關係，卻無法經由「收養」的形式輕易擺脫。

在一次由鑑定人陪同的決定性會談中，父親告訴孩子，過去一直沒去看他們，是因為他始終沒收到兒子的回信，而寫那封信的起因，也是明億的治療師建議他該這麼做，與收養問題毫無關聯。父親希望孩子能即刻決定他們往後是否要繼續保持聯繫。他也告訴孩子他現在病得很重，對人生已沒有什麼指望，只期望能與孩子繼續往來。

明傑告訴父親，他可以等到滿十八歲以後，再接受繼父的收養。然而，明億卻表示，他希望這件事情能趕快了結，而且也很期待能當繼父的養子。

在孩子單獨與父親的會談中，明傑提到了與父親的關係，並詢問父親：「你不是認為我不是你的兒子，為什麼你不願意讓繼父收養我？」明傑希望能和父親做一次血緣關

係的測試，以得知他是否為父親的親生兒子。到了會談結束時，父親伸出手想與明億及明傑握手，兩個兒子不但沒有拒絕他的善意，反而緊緊地抓住父親的手，並且目送父親離開。

這個舉動證實，明億還是希望能與父親有更親近的關係，其實與明傑相比，在父母離異後，父親與再婚妻子共同照顧明億一年半的時間，兩人的關係十分親密，相較之下，對明傑而言，父親只不過是個「週末爸爸」的角色。而父親花較多的時間與明億相處，也導致明傑的小小心靈，產生父親不喜歡他的感覺，此外，父親漠視的態度也讓他懷疑自己根本不是父親的兒子。

有鑑於此，父親使出最後的手段，以「目前每況愈下的身體狀況以及對人生毫無指望」作為籌碼，認為這或許能夠引起孩子的同情心或好奇心。

當法庭詢問兒童暨青少年精神科鑑定人以下的問題：繼父極力請求收養，是否符合孩子的福祉；以及收養關係之終止，是否會危害子女之最佳利益時，鑑定人則建議法庭先不要做出任何決定，而是要審慎評估，查證父親是不是真的曾經寫信給孩子，同時也要觀察孩子對這件事的反應。父親表示在法庭做出裁定前，他會讓孩子自行決定是否要與他保持聯繫，而在必要情況下，他可能會答應收養一事。

父母雙方在離婚後，為了孩子而爭得最後一個階段，就是所謂的收養問題。比方說，母親在分居及離婚後，獨自取得子女的監護權，當母親再婚，其子女亦拒絕與親生父親繼續往來時，母親的新配偶可能表達其收養配偶之子女的意願。

當繼親家庭裡有收養子女的準備時，變更子女姓氏的意願將會越來越明顯，同時也會提出相關申請，而孩子的親生父親多半會拒絕這項申請。同樣地，從繼父的角度也會請求收養，還以顏色。

當親子關係進入了收養子女的最後程序，此時也會出現「與（親生）父母一方疏離」的局面。從孩子的角度來看，當親子之間的關係出現嚴重的裂痕時，無論原因為何，他們都期望繼父或繼母能夠收養他們，然而，原因也可能來自於父母一方為了詆毀前夫或前妻，並且將此種心境轉嫁至孩子身上。

假如孩子對無監護權的父母一方絕望透頂，並且試著與他們斷絕任何關係時，請求收養一事，最後可以由孩子自行決定。

子女請求收養的情況與請求變更姓氏雷同，卻更加激烈，其意義在於：父母離異後，能完全斷絕與父母一方的往來，同時貶低他們，使其失去所有價值。

Q1 台灣有關於變更姓氏的相關法令嗎？當離婚後想為子女變更姓氏，可參考哪些法令呢？

蔡家豪律師：

就變更姓氏而言，主要規範在民法當中，可分為有約定與無約定兩種，至於父母離婚也是子女能夠請求法院變更姓氏的一款事由，另外，可以參考姓名條例。

參考法條：

民法 第1059條 第一、二項	父母於子女出生登記前，應以書面約定子女從父姓或母姓。 未約定或約定不成者，於戶政事務所抽籤決定之。
姓名條例 第6條	有下列情事之一者，得申請改姓： 一、被認領者。 二、被收養或終止收養者。 三、夫妻離婚，未成年子女姓與行使親權之父或母姓不同者。

子女通常從父姓，如果母無兄弟姊妹，而且父親又同意的話，才從母姓。

四、原住民因改漢姓造成家族姓氏誤植者。
五、其他依法改姓者。
　　夫妻之一方得申請以其本姓冠以配偶之姓或回復其本姓；其回復本姓者，於同一婚姻關係存續中，以一次為限。

Q2 離婚後，變更子女的姓氏時，需經過原配偶或子女本身的同意嗎？幾歲以上的孩子有變更姓氏的自主權？

蔡家豪律師：

如果離婚後，父母之一方或子女皆可向法院申請變更子女之姓氏，但是必須是為了子女之利益之前提下，始能變更，雖然條文沒有規範需要原配偶同意或是子女本身同意，但是法院在審酌時，必然站在子女之利益前提下思考，如果對於孩子不利，法院可能就不會准許變更姓氏之申請，孩子成年之後，可以自行變更從父姓或是母姓。

參考法條：

民法 第1059條

父母於子女出生登記前，應以書面約定子女從父姓或母姓。未約定或約定不成者，於戶政事務所抽籤決定之。

子女經出生登記後，於未成年前，得由父母以書面約定變更為父姓或母姓。

子女已成年者，得變更為父姓或母姓。

前二項之變更，各以一次為限。

有下列各款情形之一，法院得依父母之一方或子女之請求，為子女之利益，宣告變更子女之姓氏為父姓或母姓：

一、父母離婚者。

二、父母之一方或雙方死亡者。

三、父母之一方或雙方生死不明滿三年者。

四、父母之一方顯有未盡保護或教養義務之情事者。

Q3 離婚後，改為繼父的姓氏，對子女較有利嗎？若想將子女的姓氏改為繼父的姓氏，需經過哪些程序？

蔡家豪律師：

現行法律下，無法改姓繼父之姓氏，僅能從父姓改為母姓，無法變更為從繼父姓氏。

在子女未成年前，監護人有更改子女姓氏的權利，孩子沒有變更姓氏的自主權。

參考法條：

民法第1059條（參考Q2之法條）。

民法　第1078條
養子女從收養者之姓或維持原來之姓。夫妻共同收養子女時，於收養登記前，應以書面約定養子女從養父姓、養母姓或維持原來之姓。 第一千零五十九條第二項至第五項之規定，於收養之情形準用之。

Q4 若在變更姓氏的問題上，父母雙方發生了爭議，該如何判定？哪些更改姓氏的理由是較合理並合法的？

蔡家豪律師：

如果孩子自始從父姓或是從母姓，而後來父母對於更改於另外一姓氏有了爭議，僅能透過雙方書面合意約定變更才能解決，無法透過法院裁判解決紛爭，對於更改姓氏的合法理由，主要規範在民法第1059條第五項事由。

參考法條：

民法 第1059條 第五項

有下列各款情形之一，法院得依父母之一方或子女之請求，為子女之利益，宣告變更子女之姓氏為父姓或母姓：

一、父母離婚者。

二、父母之一方或雙方死亡者。

三、父母之一方或雙方生死不明滿三年者。

四、父母之一方顯有未盡保護或教養義務之情事者。

Q5 當繼親家庭希望收養再婚配偶的子女時，可參考哪些相關法令？

蔡家豪律師：

主要是收養之一方收養他方之子女時，應長於被收養者十六歲以上，有年齡限制的問題。

參考法條：

民法 第1073條

收養者之年齡，應長於被收養者二十歲以上。但夫妻共同收養時，夫妻之一方長於被收養者二十歲以上，而他

除非涉及收養的問題，否則監護人有權將未成年子女的姓氏改為自己的姓氏。

方僅長於被收養者十六歲以上，亦得收養。

夫妻之一方收養他方之子女時，應長於被收養者十六歲以上。

民法　第1073-1條

下列親屬不得收養為養子女：

一、直系血親。

二、直系姻親。但夫妻之一方，收養他方之子女者，不在此限。

三、旁系血親在六親等以內及旁系姻親在五親等以內，輩分不相當者。

民法　第1074條

夫妻收養子女時，應共同為之。但有下列各款情形之一者，得單獨收養：

一、夫妻之一方收養他方之子女。

二、夫妻之一方不能為意思表示或生死不明已逾三年。

民法　第1075條

除夫妻共同收養外，一人不得同時為二人之養子女。

民法　第1076條

夫妻之一方被收養時，應得他方之同意。但他方不能為意思表示或生死不明已逾三年者，不在此限。

民法 第1077條

養子女與養父母及其親屬間之關係，除法律另有規定外，與婚生子女同。

養子女與本生父母及其親屬間之權利義務，於收養關係存續中停止之。但夫妻之一方收養他方之子女時，他方與其子女之權利義務，不因收養而受影響。

收養者收養子女後，與養子女之本生父或母結婚時，養子女回復與本生父或母及其親屬間之權利義務。但第三人已取得之權利，不受影響。

養子女於收養認可時已有直系血親卑親屬者，收養之效力僅及於其未成年且未結婚之直系血親卑親屬。但收養認可前，其已成年或已結婚之直系血親卑親屬表示同意者，不在此限。

前項同意，準用第一千零七十六條之一第二項及第三項之規定。

民法 第1078條

養子女從收養者之姓或維持原來之姓。夫妻共同收養子女時，於收養登記前，應以書面約定養子女從養父姓、養母姓或維持原來之姓。

第一千零五十九條第二項至第五項之規定，於收養之情形準用之。

收養他人之子女為子女時，其收養者為養父或養母，被收養者為養子或養女。

民法　第1079條

收養應以書面為之，並向法院聲請認可。收養有無效、得撤銷之原因或違反其他法律規定者，法院應不予認可。

兒童及少年福利法第15條

收養兒童及少年經法院認可者，收養關係溯及於收養書面契約成立時發生效力；無書面契約者，以向法院聲請時為收養關係成立之時；有試行收養之情形者，收養關係溯及於開始共同生活時發生效力。

聲請認可收養後，法院裁定前，兒童及少年死亡者，聲請程序終結。收養人死亡者，法院應命主管機關或其委託機構為調查，並提出報告及建議，法院認收養於兒童及少年有利益時，仍得為認可收養之裁定，其效力依前項之規定。

Q6 當繼親家庭希望收養再婚配偶的子女時，需要經過子女親生父母的同意嗎？在特殊的狀況下（如父母另一方未盡保護教養之義務時），可終止父母該方之同意權嗎？

蔡家豪律師：

子女被收養時，原則上必須得其父母親同意，但是如果有一方未盡保護教養義

務或有其他顯然不利子女之情事而拒絕同意時，則可例外無須得其同意。

參考法條：

民法 第1076–1條
子女被收養時，應得其父母之同意。但有下列各款情形之一者，不在此限： 一、父母之一方或雙方對子女未盡保護教養義務或有其他顯然不利子女之情事而拒絕同意。 二、父母之一方或雙方事實上不能為意思表示。 前項同意應作成書面並經公證。但已向法院聲請收養認可者，得以言詞向法院表示並記明筆錄代之。第一項之同意，不得附條件或期限。

Q7 當無監護權的父母一方，同意他人收養子女，會撤銷其探視權嗎？他是否仍必需擔負子女保護教養之義務？當放棄撫養權的父母一方年老時，子女仍有扶養他們的義務嗎？

蔡家豪律師：

法院不會撤銷其探視權，在收養關係存續當中，原生父母無須擔負子女保護教養之義務，將來該子女亦無需扶養原生父母，不過前提都是收養關係必須持續。

在收養登記前，應以書面約定養子女從養父姓、養母姓或維持原來之姓。

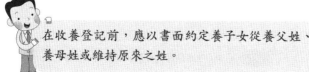

參考法條：

民法 第1077條

養子女與養父母及其親屬間之關係，除法律另有規定外，與婚生子女同。

養子女與本生父母及其親屬間之權利義務，於收養關係存續中停止之。但夫妻之一方收養他方之子女時，他方與其子女之權利義務，不因收養而受影響。

收養者收養子女後，與養子女之本生父或母結婚時，養子女回復與本生父或母及其親屬間之權利義務。但第三人已取得之權利，不受影響。

養子女於收養認可時已有直系血親卑親屬者，收養之效力僅及於其未成年且未結婚之直系血親卑親屬。但收養認可前，其已成年或已結婚之直系血親卑親屬表示同意者，不在此限。

前項同意，準用第一千零七十六條之一第二項及第三項之規定。

民法 第1084條

子女應孝敬父母。父母對於未成年之子女，有保護及教養之權利義務。

民法 第1114條

左列親屬，互負扶養之義務：

一、直系血親相互間。

二、夫妻之一方與他方之父母同居者，其相互間。

三、兄弟姊妹相互間。

四、家長家屬相互間。

若無監護權的家長，已同意他人收養子女，那麼他和孩子之間的法定親子關係也隨著終止。

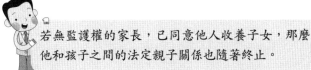

陪孩子走過父母離婚的傷心路

當一個完整家庭轉換為單親家庭，父母該如何調適自己的心情、並且在離婚過程中，和孩子擁有良好的互動，以及如何用正確的態度面對孩子，都將影響孩子的心靈成長。

Part 7

我沒有做壞事，為什麼要上法庭？

傷心案例

爸爸／媽媽可以陪我出庭嗎？

凱莉（十五歲）和凱琳（十六歲）的父母離婚，而且父母共同行使孩子的監護權。孩子們與親生父親、父親的新伴侶以及他們倆所生的孩子，已經住在一起兩年。

事實上，當年是由親生母親取得了兩個孩子的慣常居住地決定權。不過，母親的家庭狀況不佳，所以她聽從前夫的意見，將孩子送走，寄養在寄宿家庭裡，而前夫也不能將孩子接回去住。六年後，父親取得前妻的同意將孩子們接回家去。

在少數幾次會面往來中，有一次，凱琳告訴她的母親，父親虐待她們姊妹。過了不久，母親將此事告知青少年兒童福利機構，隔了幾天，社工人員以及警察無預警地出現在父親跟前。凱琳不敢與父親對質，也不敢把之前跟母親說的話重複一次，但她仍然被社工人員帶走。父親對此感到非常驚訝，卻無法阻止女兒被送往寄養家庭的安排。原本也應該被社工人員帶走的凱莉，卻奔向父親的懷裡，並說父親從沒打過她，在她眼睛上方的瘀傷是被姊姊打的。

孩子何時需要訴訟輔佐人？

前述的傷心案例的結局是，法庭為凱莉委任一名**訴訟輔佐人**，而這名輔佐人跟社工人員卻持有不同的意見，認為凱莉不應該被帶離父親的身邊。法庭最後裁定：凱莉必須被送往寄養家庭，但是訴訟輔佐人反對這項判決，因而上訴至高等法庭。高等法庭最終同意此申訴，並允許凱莉繼續與父親同住，而之後與這種狀況有關的鑑定調查分析，都要加以釐清。

訴訟輔佐人：指的是「孩子的律師或利害關係代理人」，委任於親屬法訴訟程序，當孩子遇到監護權及探視權訴訟程序、慣常居住地決定權訴訟程序、強制將孩子從寄養家庭帶離，以及收養孩子等特殊案件。

從法庭的角度來看，希望訴訟輔佐人採取的措施以及行為，都是依循增進孩子的福祉而做的，訴訟輔佐人應將孩子的意願、期望以及個人的利益傳達至法庭。通常關係到該明確指出擁有監護權之家長，與其子女利益的相關案件，例如：性侵害或虐童疑雲的案件，立法者將會為孩子委任一名律師，以協助孩子。訴訟輔佐人會在法庭訴訟程序中以補充的形式協助孩子，有時也會為了增進孩子的利益而取代擁有監護權的父母一方。

任何一名訴訟輔佐人（大部分指的是社會教育工作者、媒體工作者或律師）應該在工作開始前，對其所輔佐的孩子，以及孩子的家人，全盤性地說明其所扮演的角色及功能。

舉例來說，當父母一方控告另一方，在探視權的範圍下，另一方不讓對方去看孩子，此時，訴訟輔佐人可以從孩子的立場去評斷這種狀況，並且給予法庭和父母雙方適當的建議。

訴訟輔佐人如同社會福利機構的社工人員，在棘手的親屬法訴訟程序中提供父母意見，以及站在受創的父母一方支持當事者，因此，訴訟輔佐人也經常被視為袒護受創家長的人。不過，也可能會出現，青少年兒童福利機構的社工人員與訴訟輔佐人持完全相反的看法，並且在法官面前給予不同的建議，就好比前述傷心案例中的情況。

＊如何決定訴訟輔佐人的性別

在個案中，是由法庭來斟酌考慮並評估個案的狀況，再決定應該安排女性訴訟輔佐人或男性訴訟輔佐人，而另一方面，也會視實際情況而定。比方說，女性或男性訴訟輔佐人對孩子目前所處的環境，能提供什麼程度的協助。

如果出現了性侵害的控訴，且女性當事者陳述了疑似遭受不當待遇的說詞，此時，安排女性訴訟輔佐人，較為恰當。假如在訴訟程序中涉及到的是國語能力不佳的孩子時

（例如：在移民家庭中長大的孩子），則必須要考慮到溝通問題，並且找到能夠與孩子對話的訴訟輔佐人。

調查顯示，孩子對於訴訟輔佐人的看法可以得到以下結論：孩子會希望訴訟輔佐人很和善、在會談中具備足夠的耐心，並且讓人有安全感。孩子也希望，與訴訟輔佐人會面時，能夠一同討論，並且重視孩子的想法，同時也能獲得其具體的支持。無疑地，孩子將訴訟輔佐人視為能夠傳達意願的「傳聲筒」。

＊孩子出庭應訊時

假如父母在一場孩子的監護權戰爭中未能取得協議，而且透過青少年兒童福利機構或法庭的協助後，也無法取得和解，此時法庭可以要求孩子出庭應訊。

許多法官考慮到特殊情況，並試著營造適合孩子的和諧氣氛，例如：在高等法庭裡進行訊問時，法官離開原本高高在上的位子，走下來坐在孩子的旁邊。法官盡可能地不要壓抑孩子的情緒，並且讓孩子內心的恐懼感降到最低。雖然如此，孩子心中仍然會出現恐懼以及罪惡感，因為他們會擔心，自己可能從父母身邊被別人帶走，或是因為他們的陳述，使得父母一方過得比另一方更差。

倘若孩子對於訴訟輔佐人已有某種程度的了解，與他的關係也很親近，當孩子接受訊問時，在訴訟輔佐人的陪伴下，更能營造出輕鬆和諧的氣氛，由此可知，在棘手的探視權或監護權紛爭中能夠委任訴訟輔佐人，而該輔佐人也能陪著孩子接受法庭訊問，對孩子而言，較為有利。

＊進入親屬法訴訟程序

假如離婚糾紛最後進入了親屬法訴訟程序時，對孩子來說，將是個沉重的負擔，因為孩子必須與青少年兒童福利機構的社工人員進行會談，必要時，還得出庭應訊，或者全程參與整個鑑定過程，其中孩子也會不斷地被詢問，或被測試精神方面是否有異，甚至需要與他（們）所抗拒或厭惡的父母一方「對質」。

基於以上理由，假如孩子出庭應訊，並安排了訴訟輔佐人要進行一場鑑定分析時，父母一定要根據孩子的年齡，適切且正確地告知他們事情的真相，並且對孩子做更進一步的觀察。

親屬法鑑定之生成

傷心案例

在進行親屬鑑定時，明儀（十四歲）、東益（八歲）以及慧心（五歲），他們在父母分居前幾個月便與母親一起離開了家。母親當時告訴他們將一起到遠方度假。不過，就在那次離去度假時，爸媽分居一事就因此確定了。

進行鑑定時，可以明顯看出，大女兒比較傾向父親，二兒子很游移不定，而小女兒有一點偏向母親。

在自由活動時間，孩子們以木偶劇的形式表演了一齣自編自導的戲碼。這場即興演出的內容是描述一位公主被強盜擄走，於是國王便指派衛兵甲及衛兵乙，去拯救公主，在演出中，明儀飾演衛兵甲，而東益飾演衛兵乙。

故事的過程中，衛兵甲被強盜的幫手大鱷魚抓走，之後又被衛兵乙救了回來。幾經危難後，最後衛兵甲及衛兵乙終於成功地救出公主，並且將她帶回國王的身邊。

鑑定分析對孩子有何意義？

倘若孩子必須時常為了專家**鑑定調查分析**而出庭應訊，那麼家長應該要概略地告訴他們有關鑑定的意義與目的，以及他們可能會面臨到的問題。

貼心補給站

鑑定調查分析：在親屬法紛爭的範圍裡，假如家事法庭認為，在受創父母的陳述、孩子的說詞，以及青少年兒童福利機構所持的觀點上，最後仍無法做出判決時，這時就需要經由專家來做鑑定分析。

進入青春期階段之前的學齡兒童，往往會從父母口中得知，進行鑑定調查分析會出現的情況，父母也會明白地告訴孩子，他們心中的想法對鑑定過程十分重要，如果確實地說出心中的期望，就可以安心地跟爸爸或媽媽在一起。

但是父母口頭的陳述方式，反而會將孩子推入兩難的處境中，他們會認為：假如他們選擇了爸爸，等於是陷母親於不義，因為乍看之下，一旦選擇爸爸，好像變成愛爸爸勝過愛媽媽，對於父母忠誠度上的衝突也益發明顯。

因此孩子在會談中，常常會對專家鑑定人說：「請您不要問我未來比較想要跟著誰，以及跟誰一起住的問題，我實在不知道該如何回答，因為我愛爸爸和媽媽，我想和他們兩個一起住。」

本書第一章已經提到，孩子往往在父母分居後，仍然期待父母能夠和好如初。此時孩子會成為父母之間的協調人，因為他們所做的一切努力，都是源自於他們不希望在父母之間做出選擇。

有時候，孩子在他們的努力中，也表現得相當富有創造力，他們會透過一些合宜的行為，希望平衡難以補救的家庭狀況。

而專家鑑定人會告訴父母，他們的孩子非常機靈以及富有想像力，也就是說，不論孩子是為了脫離這種無法再忍受的情況，或是自願成為這場婚姻危機的犧牲者，他們往往在言語中、說故事、畫畫、玩積木及遊戲時，或在面對父母的態度，有意識或無意識地讓專家鑑定人共同分擔他們的失落感，以及真正的想法，均使得專家鑑定人對孩子的表現留下深刻的印象。

由前述明儀和弟妹們的傷心案例中可以清楚看出，孩子在鑑定時，將如何運用他們潛在的創造力，來表現目前的家庭狀況。孩子們無意識地將父母分居一事表現在這場演出中。假如強盜代表母親，而國王是父親，那麼衛兵甲與衛兵乙，也就是明儀和東益，等同於父親的幫手。他們想要阻止公主（即妹妹慧心）未來選擇跟著母親的決定。而這齣戲幕後的導演是支持父親的大女兒明儀，她在弟妹間代理母親的角色，並且對東益和慧心造成極深遠的影響。

然而，在進行親屬鑑定時，絕對要避免讓孩子的心裡產生「他出賣了爸爸或媽媽」一的感覺。假如專家鑑定人告訴孩子，最後做決定的是法官，而不是他，同時他也會給予法官一些諫言時，將能減輕孩子的心理負擔。

離婚後的家庭生活，將會面臨巨大的衝突，而孩子在這段期間，也可能與父母一方越來越疏遠。舉例來說，一個正值青春期的孩子，在他極度憤怒以及絕望時，表示：「我實在無法忍受他把所有的事情搞得一團糟，所以，我未來再也不想跟他有任何瓜葛。」此時，鑑定分析也可以視為一項治療性的座談會，因為孩子可以在會談中，將持續累積的怨氣完全宣洩出來。

有時，遭受拒絕的父母一方，對孩子想法的改變也具有決定性的影響。例如：父親因一時情緒失控而落淚，或者適時地告訴孩子，他對目前的狀況感到非常遺憾，但他仍然希望，在未來的日子裡，彼此能夠再度取得聯繫。換句話說，在鑑定的過程中，可能會發生孩子與疏離的父母一方，慢慢地重建起互動關係，反之，則出現越來越疏遠的情形。

不論孩子在鑑定過程的態度如何，或是此鑑定對孩子有何意義，都必須由父母雙方共同決定。同理可證，年紀越小的孩子，越容易在鑑定過程裡，如同「皮球」一般，被父母踢來踢去。而年紀越大的孩子，父母對他的期待越高。因為家長期待孩子可以順著他們的想法表明立場，並且暗示孩子，在接受訊問時應該要表示，他的言行舉止都是他本身的意願，完全不受父母任何一方的影響。

從理智的專家鑑定人身上，可以看出他們相當仔細地觀察父母與孩子各方面的情況。一方面，他們不太會感情用事，有時卻也帶著憐憫之心與孩子親近，目的是為了讓孩子在困境中找到一條出路，或是減輕他們的壓力，即使這些只是出自於鑑定人內心的希望與假設。當然，專家鑑定人絕不是孩子的治療師，而是法庭的助手，雖然如此，有時他們也具有傳達訊息，以及類似治療性質的功能。

探視權及監護權鑑定之流程

關於孩子的探視權及監護權鑑定通常可以由父母自己，或他們的訴訟代理人來申請，倘若對此事具備充分的理由，那麼法庭往往會同意取得鑑定的相關申請。在監護權或探視權之爭中，假如父母任何一方拒絕鑑定人的參與，法庭通常不會委任專家鑑定人進行鑑定。

貼心補給站

專家鑑定人：親屬法訴訟程序的鑑定人，可能為心理學家，或兒童暨青少年精神科醫師，甚至是法律心理學家。法院會委託其進行所謂的發展心理學、家庭心理學或兒童暨青少年精神科的鑑定調查分析。總而言之，鑑定人是法庭的助手。

鑑定人必須根據他的專業知識，以客觀的立場，在不偏袒父母任何一方的狀況下，來完成鑑定。同時，在專家鑑定書的範圍內，有義務提供法庭一些重要資訊，而鑑定人之於法庭並沒有如醫療人員之於當事人（即病患）般，對病歷有保密的責任。換句話說，在鑑定開始之前，必須要將鑑定意見的形式，以及委託鑑定之內容，詳盡地向父母或是即將進行鑑定的孩子說明清楚。

*鑑定分析的標準流程

鑑定人在做鑑定分析時，會以書面的方式，給予當事人一些建議，以及法庭可能（但不是絕對）會考慮到的意見。不過，在大多數的案例中，法庭會按照建議的內容作出決議。委託人以及父母雙方，均能夠取得完成的鑑定書一份，而鑑定人分別會與他們的訴訟代理人，發表對此鑑定或其他相關審理案件的詳盡看法。

尤其是在完成鑑定及審理的案件中，發現嶄新且重要的事實，甚至對整件事的判斷深具影響力，法庭可以傳喚專家鑑定人進行口頭上的詢問，或是請求他們對當事人重新進行一次訊問。以下流程可以視為一般標準的做法，然而在細節上，將依實際狀況而有所更改：

一般來說，完成監護權或探視權鑑定，至少需要進行四次會談，而在許多案例中，也可能超過四次以上。

首先，父母雙方必須分開進行訊問。通常鑑定人在訊問前，會先取得相關的檔案資料，以便針對事情的核心提問。他可能會聆聽父母一方概略地描述家庭現有的狀況。接下來，鑑定人會著手詢問各種與人往來的情況、父母雙方與孩子的關係等問題、當事人的期望與立場，以及對可能解決方案的看法。

當父母另一方表達看法之後，孩子和父母雙方在第三與第四次會談時，將會進行鑑定。除了觀察孩子（尤其是年紀很小的孩子）與父母雙方之間的互動以外，孩子在父母一方的陪同下，了解委託鑑定的意義及目的之後，還得接受鑑定人的詢問以及心理測驗分析。至於此種心理測驗分析的結果有多詳盡，完全取決於問題內容、孩子的年齡層、他的配合度與否，以及他的智商而定。

為了獲得法庭提問的答覆，每位鑑定人可以自行決定、選擇需要的調查方式。舉例來說，一位受過家庭治療訓練的專家鑑定人，為了要詳細查明孩子的恐懼、憂慮等，在進行鑑定時，他會運用各種不同的詢問方式及測驗。

一般而言，鑑定人在詢問以及做心理測驗分析時，會將整個過程紀錄下來。例如：為了能完全掌握孩子與父母的互動，鑑定人可以使用錄音筆全程錄下。

假如鑑定人觀察孩子與父母雙方的互動關係，同時做了兩次詢問和測驗，則可以與父母雙方進行最後一次的會談。在這次會談中，鑑定人會告知父母調查後的重要結果，並且讓他們提問，或者鑑定人也可能共同參與討論，以取得日後建議法庭的一致性方案，但實際上，後者出現的機率卻很小。

不過，也可能出現父母一方或雙方均拒絕和彼此見面的情況，但是父母雙方與鑑定人共同進行最後的會談也只是個提議，假如他們真的不想碰面，鑑定人也可以在短暫的會談裡分別告知雙方調查後的結果。

當孩子的年紀還小，應該先安排一次為了建立彼此聯繫的會談，在第二次會談時，再開始進行鑑定調查分析。家庭訪查並不強制屬於監護權的鑑定範圍內，不過，假如鑑定人認為居住的地方並不適合孩子，可以列入考慮之中。

此外，並非只有父母，連同年長的兄弟姊妹、同父異母或同母異父的兄弟姊妹或（外）祖父母，都是重要接觸關係人的身分，對於孩子具有重大的意義。假如鑑定委託書沒有附上但書，鑑定人也可以將（外）祖母或父母一方的新配偶列入鑑定分析中。倘若在鑑定過程中，需要詢問關係人，則重要關係人必須即刻與鑑定委託人取得聯繫，並且要確定法官也同意。

如果同時間需要鑑定許多孩子，其中一個孩子跟著母親住，而其他則跟著父親住時，鑑定人會在最後一起詢問所有的兄弟姊妹。假如父母雙方能坐下來，共同進行最後一次的會談，等於是間接告訴孩子，有第三人在場，夫妻雙方可以再度進行溝通，對於接受鑑定的孩子而言，具有正面的意義。即將升上小學的孩子總是非常好奇，他們會想知道鑑定人查出了什麼，以及他會給予父母和法庭什麼建議。

在鑑定完全結束後，最好能馬上與父母雙方進行會談，而接受鑑定的孩子，如果希望父母回答他們一些重要的問題，例如：我今後要住在哪兒？我們會分開嗎？也可以一同參與父母間的談話。鑑定人應明白指出，他只能表達建議，而最終還是必須由法官作判決。

＊面對年齡不同的孩子，會有不同的鑑定方式

許多父母會問自己，他們該如何讓孩子為鑑定做準備、應告訴他們或不應告訴他們哪些事，關於這些問題，當面對不同年齡層的孩子時，將出現不同的答案。

比方說，當對象是一個五、六歲的孩子，其父母發生了爭吵，鑑定人應當協助他們好好地思考孩子應該與誰同住，或孩子應該多久去看媽媽或爸爸等問題，共同討論如何才能讓孩子得到最大的益處。

同時，鑑定人也會與孩子談話，詢問孩子的期望，而孩子也會在鑑定人的陪同下，和父母一同玩遊戲等。當孩子單獨與鑑定人交談時，父母一方則必須在房間外面等候，只要孩子感到不安，隨時可以去找父母。

經由醫學專家鑑定人所作的臨床調查，一開始並沒有歸在探視權及監護權判決的範圍裡，只有當孩子的身體或精神方面出現異常現象時，經過診斷後，可以尋求醫學專家鑑定人的調查來獲得相關資訊。基本上，鑑定人只能回答法庭的提問，而在調查當天，

鑑定人必須向當事人解釋整個調查流程，告訴他們會談將進行多久，以及鑑定分析會如何進行，這對所有參與者較為有益。

假如在監護權鑑定的範圍內，有必要知道父母的教育能力，以及父母一方是否存有精神方面疾病的可能性時，就鑑定人的角度，可以建議父母進行一次精神分析測驗，不過，這必須獲得當事人的同意，方可實行。

通常鑑定人的任務是為了讓父母雙方了解：按照規章制度的鑑定，唯有當鑑定人觀察孩子與父母間的互動，並且經過評估後，才能實施。

在鑑定的過程中，父母親往往會察覺到一些對孩子造成困擾的恐懼感或罪惡感。為了克服孩子的恐懼感，同時取得父母的同意，有時候鑑定人也會讓孩子帶朋友一起參與，在某些案例中，陪伴孩子的也可能是遠房親戚或乾爸媽。不過，為了讓孩子能單獨與擁有探視權的父母一方及鑑定人會面，孩子的朋友或親戚只有一開始會陪著孩子前往。

倘若孩子知道，擁有探視權的父母一方在會面時，絕不會責罵他，而且當父母提問，他也可以選擇不回答，那麼孩子心中的恐懼感便會漸漸消失。

鑑定人會將孩子在接受調查時，心靈沉重的負擔減到最低，而針對年紀較輕的孩子將提供適合他們年齡的玩具或鑑定資料，所以，他們在與父母互動時，可以跟父親或母親玩得更盡興。尤其是剛上小學的孩子，要讓他們接受父母一方必須等在外頭，並且開

始跟鑑定人玩遊戲，往往需要一段時間的「暖身」。至於在襁褓中的嬰孩，一般來說，不會讓孩子與接觸關係人分開，在調查時，也只限定在父母一方與嬰孩之間的互動。

如果父母一方，針對另一方心理疾病方面的問題進行抨擊，而該方也確實曾經進行精神科方面的治療時，鑑定期間，若能連同診所或主治醫師所簽發的相關文件一起審閱，對於曾經進行相關治療的父母一方較為有利。然而，此事唯有取得該父母一方的同意，方可進行。在鑑定分析的範圍內，從法庭的角度來看，不僅要明白診斷書的內容，同時可能還會要求進行後續追蹤（**永續性鑑定**）。

貼心補給站

永續性鑑定：離婚或分居，並非個別結果，而是一個漫長的過程。因為許多離婚後的家庭，孩子與父母一方（大多數是父親）的關係越來越淡薄，有的甚至不再往來，所以需要後續追蹤。

由此可知，專家鑑定人都會建議，離婚後的家庭應該持續進行鑑定分析，繼續追蹤親子關係之後續發展。而此種「永續性鑑定」也必須經由法庭委託專家鑑定人去執行。

當法庭取得父母的認可後，委託專家鑑定人尋找解決方案。但是專家鑑定人與當事人之間，必須建立起雙方的信賴關係，唯有專家鑑定人採取中立的態度，父母兩方可以自由表達不同的立場，才能達成這項任務。

倘若鑑定人對父母雙方沒有最基本的信賴，那麼所有的努力將白費。

在鑑定書內，除了書寫提問以外，也要簡短地介紹與其相關聯的事實以及調查流程。此外，重要的結果也要確定下來，並作為事後討論的依據。所有以父親及母親角度來回答的內容，必須以假設的語氣紀錄下來。因為許多父母在讀過鑑定書後，常會認為，裡面的內容根本是專家鑑定人偏袒某一方所寫下的不實看法。然而，最後的結論通常在鑑定分析結束後，才會揭曉。另外，已提出證明的事實以及試驗結果會先紀錄下來，並且做進一步的分析或評分。

＊專家鑑定人，並不是醫生或律師

一位經驗豐富的專家鑑定人，只能了解從過去到現在的親子關係，他並非醫師，或是律師。舉例來說，當他為遭受父母離異之苦的孩子，進行精神科治療相關性質的工作，親子雙方的情況卻沒有任何改變，反而更加嚴重時，很有可能是鑑定人誤導了父母，提供他們錯誤的解決方向。

有鑑於此，鑑定人所提出的建議，應先在診所裡進行臨床實驗，而不該以法庭的角度，斷然作出決定。

假如父母認為，專家鑑定人太過偏頗某一方，一點也不客觀或不夠中立時，基本上，他們有權另外委託他人完成雙方鑑定分析，但是，通常這種鑑定書在法庭上無足輕重。

倘若專家鑑定人在鑑定報告書中，犯了很明顯的錯誤時，必須要立即修正此鑑定書，或是由法庭另行委託其他鑑定人，並且進行第二次鑑定分析。在這種情況下，專家鑑定人正確的做法應該是：從自我的角度提供法庭真實的狀況，並且建議委託人提名另一位專家鑑定人，以公平公正的方式，完成鑑定分析。

倘若在親屬法訴訟程序中，需要委託進行專家鑑定分析時，通常當事人雙方必須共同負擔費用。

假使父母其中一方或兩方，其經濟狀況無法支付該費用時，可以向法庭申請訴訟費用救助金。換句話說，在特殊情況下，國家會負擔所有鑑定時所需要的費用。

離婚法律一點通

Q1 在離婚訴訟中，法庭在何種情況下，可要求孩子出庭應訊？

蔡家豪律師：

針對離婚事由之有無，如果孩子是親身經歷之人，又經過訴訟雙方向法院申請傳喚孩子作證，法院認為有調查之必要，就有可能傳訊孩子到場，不過當孩子未滿十六歲時，不得命其具結，而具有法定拒絕證言事由時，可拒絕作證，如果是調查該訴訟當中，將來法院判決具有離婚事由，孩子的親權歸屬時，則法院可能會傳喚孩子到庭，調查其意願為何。

參考法條：

民事訴訟法　第307條	證人有下列各款情形之一者，得拒絕證言： 一、證人為當事人之配偶、前配偶、未婚配偶或四親等內之血親、三親等內之姻親或曾有此親屬關係者。 二、證人所為證言，於證人或與證人有前款關係之人，足生財產上之直接損害者。

三、證人所為證言，足致證人或與證人有第一款關係或有監護關係之人受刑事訴追或蒙恥辱者。

四、證人就其職務上或業務上有祕密義務之事項受訊問者。

五、證人非洩漏其技術上或職業上之祕密不能為證言者。

得拒絕證言者，審判長應於訊問前或知有前項情形時告知之。

民事訴訟法　第314條

未滿十六歲或因精神障礙不解具結意義及其效果之人為證人者，不得令其具結。

以下列各款之人為證人者，得不令其具結：

一、有第三百零七條第一項第一款至第三款情形而不拒絕證言者。

二、當事人之受僱人或同居人。

三、就訴訟結果有直接利害關係者。

Q2 在離婚訴訟中，幾歲以上的子女有出庭應訊的義務？當孩子非常害怕或無法自行回答問題時，可由其他人代為回答嗎？

若是未成年的孩子，無論法院或是律師，都會盡量避免傳喚孩子出庭應訊。

蔡家豪律師：

任何人均有出庭應訊之義務，但是未滿十六歲之人不得命其具結，而且根據民法第307條，孩子為訴訟雙方之直系血親，是可以拒絕證言的，但是無法透過他人代為回答。

參考法條：

民法　第307條
債之關係消滅者，其債權之擔保及其他從屬之權利亦同時消滅。

Q3 在離婚訴訟中，孩子出庭應訊時，當問題危及子女最佳利益時，子女有權利不回答嗎？

蔡家豪律師：

就「子女最佳利益」這點上，是由法院綜合各項因素後，處於一客觀上第三人之立場所為之判斷，從這個角度出發，並不會出現危及子女最佳利益的問題出現，子女於此時不應該拒不回答，而是應該向法官解釋自己對於問題之看法與想法，充分讓法院掌握到孩子對於未來跟現狀的想法為何。

參考法條：

民法 第1055-1條

法院為前條裁判時，應依子女之最佳利益，審酌一切情狀，參考社工人員之訪視報告，尤應注意左列事項：

一、子女之年齡、性別、人數及健康情形。

二、子女之意願及人格發展之需要。

三、父母之年齡、職業、品行、健康情形、經濟能力及生活狀況。

四、父母保護教養子女之意願及態度。

五、父母子女間或未成年子女與其他共同生活之人間之感情狀況。

Q4 在離婚訴訟中，台灣有訴訟輔佐人的相關法令規定或委任機制嗎？

蔡家豪律師：

目前台灣就民事訴訟制度上，沒有訴訟輔佐人的機制，筆者所提及的訴訟輔佐人，就委任來講，指的就是訴訟代理人，可經由審判長許可，由非律師資格之人擔任訴訟代理人。

除非當事人無法自行陳述，或嚴重地無法表達意見，法官才會接受輔佐人的出庭。

參考法條：

民事訴訟法　第68條

訴訟代理人應委任律師為之。但經審判長許可者，亦得委任非律師為訴訟代理人。前項之許可，審判長得隨時以裁定撤銷之，並應送達於為訴訟委任之人。非律師為訴訟代理人之許可準則，由司法院定之。

Q5 在離婚訴訟中，當法院對於父母和孩子的論點無法提出判決時，該如何處理？是否有專為親屬問題制訂的鑑定人制度？

蔡家豪律師：

有社工人員會做訪視報告，讓法院清楚了解兩方家庭，哪一方能夠提供較好的環境，社工的角色帶有專業判斷的成分，可以透過社工專業的訪視報告，讓法院做出判決。

參考法條：

民法　第1055-1條

法院為前條裁判時，應依子女之最佳利益，審酌一切情狀，參考社工人員之訪視報告，尤應注意左列事項：

一、子女之年齡、性別、人數及健康情形。

二、子女之意願及人格發展之需要。
三、父母之年齡、職業、品行、健康情形、經濟能力及生活狀況。
四、父母保護教養子女之意願及態度。
五、父母子女間或未成年子女與其他共同生活之人間之感情狀況。

兒童及少年福利法 第45條

對於依少年事件處理法所轉介或交付安置輔導之兒童及少年及其家庭，當地主管機關應予以追蹤輔導，並提供必要之福利服務。

前項追蹤輔導及福利服務，得委託兒童及少年福利機構為之。

Q6 當父母或子女遭遇分居或離異的困境，或遇到了相關的法律問題，可以至何處尋求協助？

蔡家豪律師：

全國各地都有法律扶助基金會分會，可以提供需要幫助的民眾諮詢跟訴訟上的幫助。如113婦幼保護專線等。家暴中心會提供免費的律師諮詢服務，及免費幫民眾打官司，各縣市政府每天下午則有律師進行法律諮詢服務。

法官在離婚案件中，會委託當地縣市政府社會局，到父親或母親家中作訪視報告。

陪孩子走過父母離婚的傷心路

當一個完整家庭轉換為單親家庭，父母該如何調適自己的心情、並且在離婚過程中，和孩子擁有良好的互動，以及如何用正確的態度面對孩子，都將影響孩子的心靈成長。

Part 8

當彼此的愛出現裂痕，父母該怎麼做？

爸爸/媽媽該如何尋求協助？

數以萬計的政府機構，為了因分居或離異而陷入困境的父母與子女，提供了專業的諮詢與協助。法律規定，青少年兒童福利機構的社工人員，有義務在家庭遭逢分居或離異時，給予父母及孩子支持的力量，並提供建議與協助。

除此之外，公共諮詢機構，如教育諮詢處、家庭諮詢處、心理諮詢處等，皆能提供相關的建議及協助，而且這些機構通常都是義務性質的協助。

另一方面，像是小兒科醫師、開業的心理學家、兒童暨青少年精神科醫師及心理治療師，都可以從事相關的諮詢工作；就連生命線協會以及保護兒童協會，也是快速取得諮詢的最佳據點。

若是需要法庭公告或判決的緊急問題，也可以向家事法庭申請。不過，在多數案例中，建議當事人能與律師進行一場相關談話。

假如父母雙方想要找的調解人，是一個不僅懂法律，且懂心理學，同時也了解孩子遭受變故後的心理狀態，並且適切地提供建議和協助的人，或許是最明智的做法。然而，經由調解人諮詢，需要收費，這點必須事先向當事人說明。

何時及如何讓孩子得知爸爸／媽媽離異？

幼稚園階段的孩子，也就是大概三歲左右的孩子，應該有權利知道父母準備離婚或已經離婚一事。告知孩子時，首先要讓他們了解：父母一方的離去，並不代表孩子將永遠失去他們。因為離去的一方並不是從人間蒸發，而是固定一段時間會去看孩子，或孩子也能去看他們。

假如父母離婚了，但仍同住在一個屋簷下，此時父母應該要避免在言語或行動上，出現任何攻擊對方的作為。一般來說，如果房子夠大，生活空間比較沒有疑慮，像是父親分居後獨自搬到小閣樓，而夫妻在名義上雖已分居，但兩個人分上、下兩層，暫時住在同一棟房子裡，形成一種特殊的分居狀態。

倘若分居或離婚前，夫妻雙方發生激烈的口角，甚至出現扭打的現象，而孩子正好親眼目睹了這些景象時，父母可以趁機將分居或離婚一事明白地告知孩子，不但能減輕彼此的負擔，還能舒緩當時緊張的氣氛。

舉例來說，假如父親搬出家門，他可以宣布即將與母親分居或離婚一事，讓孩子了解事情的原委，同時也可以藉此改善雙方的關係。

與孩子討論即將分居或離婚一事的好處是：孩子能清楚地知道，父母對孩子的感情不會因為分居或離異而有所改變。然而，父母有時也必須做好心理準備，許多孩子其實知道他們的父母即將離婚，因此，事情確定之後，儘早告知他們，並且以孩子能夠理解的方式與他們共同討論。

若在分居或離婚這一段雜亂無章的日子裡，同時也能顧慮到孩子的需要，並適時地對他們解說日後生活將會發生的改變，對於分居或離婚後的生活，與孩子共同經營往後的人生，具有莫大的意義。

孩子該何去何從？

一般來說，從分居到離婚的階段，子女的監護權是由父母雙方共同行使的，通常也適用於離婚之後，因此，父母兩人對孩子而言，仍如往常般保有父母的身分。

假如父母一方在孩子未來臨時居住地一事上與另一方意見相左，而不顧一切反對時，即使在分居期間也是違反監護權規範的。由此可知，父母之間必須互相討論，並且在問題上取得共識。

無論父母任何一方，都不能趁黑夜時悄悄拐帶孩子離開，因為這將造成孩子嚴重的心靈創傷。同時，父母也不應欺騙孩子，例如：在分居或離異後，父母一方偷偷將孩子帶走，可是卻在事後告訴他們，那些要帶他們去看（外）祖母的話語，只是隨便說說的藉口而已。

分居或離婚時，大人們所關注的焦點必須擺在後面，反而應該以孩子的最佳利益為優先考量。

一個擁有眾多兄弟姊妹的家庭，該如何將他們公平地分配給父母雙方，可以先從父母的經濟能力來衡量。假如孩子年紀已經不小了，同時也培養出獨立思考的能力，在分配時，就必須從孩子的心理層面來考量。

當父母雙方無法同時對孩子在分居或離婚後的未來去處達成協議時，家事法庭可以透過青少年兒童福利機構的協助訂出臨時規範，此規範也可以在日後，最晚可在離婚後，再作修正。只要離婚申請書一送入法庭，孩子將遭受到父母離婚之苦，而青少年兒童福利機構的所有相關作業，將自動開啟。

父母及孩子的機會與風險

父母雙方必須幫助自己，同時也必須幫助孩子觀察或學習體會各種伴隨著分居或離異而來的感覺，像是暈眩、悲痛、憤恨以及絕望等。假如孩子有任何疑問，父母應該有足夠的耐心，並毫不隱瞞地誠實回答。

孩子經常會被以下的問題困擾：假如爸爸不再管我的事，那我是不是就永遠失去他了？假設我需要他的幫助，他會支持我嗎？爸媽離婚是我的錯嗎？是因為我沒有盡全力去阻止，才讓爸媽失和嗎？

父母也該知道，孩子心中的罪惡感，很容易轉化為憤恨之心。他們心裡或許會想：只要我把罪過推到別人身上，那我就可以從愧疚之心以及受損的尊嚴裡獲得解脫。

總而言之，遭逢父母分居或離婚的孩子，往往在心中對父母一方或另一方感到忿忿不平，並且在自己成事不足，敗事有餘的自責感之間搖擺不定。

父母應該試著從孩子的反應了解他們，從他們表現出來的態度去安撫他們，並且也試著讓他們敞開心胸說出真正的感覺。

對於年紀較小的孩子，可以透過**符號語言**或肢體語言來了解他們；而年紀較大的孩子，則可以透過交談的方式來對他們做更深入的了解。

貼心補給站

符號語言：指的是處於牙牙學語的嬰孩，認識到以手勢表達事物或結果的一種語言溝通模式。

假如孩子面臨困境，並且猜想自己將永遠失去父母一方，此時一定要安撫他們，讓他們平靜下來，而父母雙方也必須向孩子保證：兩人在孩子未來的日子裡永遠不會缺席。

實際上，即使是年齡處於幼稚園階段的孩子，應該也會在遊戲或畫畫時，表達出他們的感受、憤怒或希望等。由此可知，他們會藉由符號層面的表現方式，來傳達自己的想法，並減輕心中的痛苦。分居或離婚後，父母應主動將實際狀況告知幼稚園老師或學校老師，以及那些對於孩子來說，特別重要的人，像是（外）祖父母、乾爸媽等。

倘若孩子對父母分居或離異一事出現強烈的反彈，或是他們的反彈讓父母其中一方無法承受時，為了幫助孩子，父母必須尋求專業人士的協助，例如：讓孩子與兒童暨青少年心理治療師或家庭治療師會談，或者藉由與離了婚的父母雙方做良性溝通來減輕孩子的負擔。然而，很重要的一點是，父母不應該在分居或離婚後將孩子當作「傳聲筒」或「間諜」，甚至濫用他們的情緒。

同樣地，父母不應該將孩子引導至精神上必須支援雙親的狀況，因為這分明是角色互換，反其道而行，同時也很容易產生所謂「代理母職」的狀況，對孩子來說，不只是被迫擔任一項超過他們能力所及的角色，也等於是剝奪了他們「當孩子的權利」。

關於探視的原則

如果父母雙方已約定好分居或離異後的子女探視原則，必須格外注意的是，為了讓孩子保有充分的信賴以及安全感，一定要確實遵守約定好的規範。父母雙方應盡力做到，在接送孩子時停止進行口水戰，互相攻擊或貶低對方。當然也不一定要互相握手擁抱，或問候對方的近況，只需要四目交接，並且讓孩子明白，不是每次會面都必須面對情緒失控或負面體驗等狀況。

父母雙方在分居或離異後，應避免互相批評或詆毀對方。同時，這也適用於遭受變故家庭中的所有成員，因為在分居一事中，或許他們早已站出來力挺其中一方。特別是面對年紀較小，以及尚未進入青春期的孩子時，父母必須排除可能會造成孩子心理負擔的事。

探視時，若父母有困難，接送孩子一事也可以經由第三人，像是與父母雙方均有良好關係的家庭成員，或外界（如青少年兒童福利機構、兒童保護協會等）的協助下完成。

其實孩子可以很快地察覺，當父母分居或離異後，與其臨時居住的父母一方，對於他與父母另一方的接觸，抱持的正面評價究竟到達何種程度，僅有「如果孩子願意，我不反對他去看他爸爸或媽媽。」這樣的想法是不夠的，而必須讓孩子感覺到，去探望父母另一方，對與其同住的父母一方而言，同等重要。換句話說，父母一方必須給予不再與孩子同住的家長基本的尊重，同時也該為有效的探視給予最佳的保證。

而年齡越大的孩子，越需要顧及孩子的興趣。舉例來說，父母分居或離異前，孩子在每週六下午都會玩桌上型足球賽，當父母分開後，他可能為了進行與父母一方的會面，而再三考慮是否該放棄重要的社交活動。

在分居及離婚訴訟程序中，盡可能不要讓孩子看到，或主動告訴孩子申請書的內容，因為這將會加深他們對父母雙方的忠誠度衝突。造成他們出現一連串遭受心理或精神影響而引起的反應，例如：他們會再度尿床，出現睡眠障礙的現象，或者發生在幼稚園或學校裡攻擊其他小朋友等異常行為，而在這些失調的行為背後，其實隱藏著孩子的憤恨、絕望之心以及心靈的困惑。

假如情況一直未見好轉，並且持續下去時，許多孩子便會出現所謂的「探視權症候群」，他們在語言或情緒上對父母雙方會有不同的表現方式。嚴重時，他們會歪曲事實，只為了表明他與父母一方的意見相同。

倘若孩子出現了「探視權症候群」，而父母雙方均未察覺到，父母之間的衝突將會越演越烈，而孩子的壓力也會越來越大。因此，能夠觀察出是否出現「探視權症候群」

的現象，以及積極去認識它，是相當重要的課題。

父母出現新伴侶時

倘若父母一方在離婚後有了新對象，他們必須考慮到，孩子或許會與前妻或前夫聯合起來，特別是當對方想挽回離去的另一半。因為孩子深愛著父母雙方，同時也希望父母的關係能再回到從前。

父母一方的新伴侶，或未來可能成為家裡新成員的繼父或繼母，應該對未來可能發生的情況做好心理準備，例如：孩子剛開始絕對會採取拒絕的態度，或者將父母離異的過錯歸咎在「新成員」的身上。

當父母一方的新伴侶將自己的孩子帶進新家庭，或者有同父異母或同母異父的弟妹時，對於孩子本身是好是壞，端視他在新家庭的處境為何。倘若孩子認為，父母比較疼愛其他的兄弟姊妹，那麼他會表現出絕望、憤怒或抗拒之心。

若是父母一方擁有新的伴侶關係，並且希望能為孩子變更姓氏，此時應以謹慎、保守或觀望的態度去處理。如果只是為了要向外宣稱，目前他們已經組織了一個全新且健全的家庭，其實根本沒有變更姓氏的必要。

如果有足夠的理由支持孩子在父母離婚後申請變更姓氏，此時必須考慮到的是，雙重姓氏不一定能減輕孩子的負擔，也不見得能夠讓孩子從忠誠度上的衝突，以及身分定位的問題脫離出來。

基本注意事項

一般來說，雖然父母的分居或離異，將會造成孩子心理莫大的壓力，但是遭逢父母分居或離異之苦的孩子，並不會理所當然地成為問題兒童，或者持續受到傷害。有鑑於此，父母親應該要幫助孩子，為他們解除那些因為分居或離異而帶來的無形壓力。

獨立扶養孩子的父母一方並非完美，同時也無法完全負擔另一半的角色。而在分居或離婚後，經過了一段適當的療傷期，不應該為了顧及孩子，或者因為害怕未來可能出現伴侶關係的難題，甚至擔心影響親子關係，而放棄追求新伴侶的權利。

分居或離異後，能與孩子和平相處，是獨立扶養孩子的父母一方背後的願望，這樣的願望無形中透露對家庭和諧的強烈需求，往往會壓抑可能出現的衝突與紛爭，父母會如同鴕鳥般，不願去面對存在的問題。通常在父母分居或離異之前的階段，雙方往往會陷於無止盡的爭吵與衝突中，因此，任誰都希望之後能過著和樂的日子。不過，這種想法反而會使衝突與紛爭轉移至另外的戰場（家庭以外的場所）。

孩子並非物品。他們不是「父母的所有物」，即便許多母親認為，離婚後，孩子自然歸於母親所有，不過，這是極端錯誤的觀念。為了孩子的福祉，必須避免因衝突而無預警地將「戰火」擴散至核心家庭以外的「對立聯盟」。換言之，即便父母兩人無法和睦相處，孩子仍然與祖父母或外祖父母維持良好的互動關係，並且從他們或乾爸媽的身上取得正面回應。

父母分居或離婚後，當孩子逐漸長大，直到上了小學之後，總會問及責任歸屬的問題，這個問題不僅關係到父母，同樣也與孩子自身有關。孩子有可能會提出這些問題：到底是誰遺棄誰？是我的錯嗎？還是因為我不夠乖，才使得爸媽分手？於是，孩子為了消弭心中那份罪惡感，同時為了讓自己好過，他們做了很大的讓步，並且扮演一個自己無法勝任的角色，期望能夠藉此產生些許影響。

若分居或離婚的家庭擁有眾多的孩子，並不表示兄弟姊妹一定會相互扶持、共度難關，他們之間的關係也不見得會有所改善。相反地，有時反而會導致兄弟姊妹之間相互競爭。假如兄弟姊妹的關係良好，並且也願意被分配給父母雙方時，對於未來的探視行為將有正面的影響，因為每一次的探視，並非只牽涉到其他的兄弟姊妹，也與父母另一方有關。

此外，如果父母分居或離異時孩子只有五歲，同時也進入了所謂的「伊底帕斯階段」，此時的孩子往往傾向親近與自己性別不同的父母一方，但是，父母不需要放在心上，因為這種現象只不過是短暫反應罷了。然而，當父母分居或離異時，孩子處於青春期前期或正值青春期階段，分配子女時，孩子的性別就成了重要的考量，專家通常會建議男孩跟著父親，而女孩跟著母親。

當孩子進入青春期，此時又會出現第二次的「伊底帕斯階段」。例如：一個正值青春期的女孩可能會為了父親而與母親競爭，並且希望未來可以跟父親同住。

值得注意的是，這種現象只是過渡時期，而與所謂的「父母親疏離症候群」無關，一般來說，在青春期這個階段，孩子與父母之間的關係將會不斷改變。同理可知，即使孩子一開始無法適應父母一方的新伴侶以及繼手足，並不表示，他們完全不能接受所謂的「拼湊家庭」或「多重父母狀態」。

許多遭逢父母離異的孩子，對於和他人往來的關係敏感度極高。同時他們也具備良好的社會判斷力，並且願意投身社會工作。也因為經歷這些風風雨雨，所以比起同年齡的孩子，他們顯得格外老成，像是他們會過分要求自己，認為事事都得幫助他人，而這些想法必須被導正。

一般來說，遭逢父母分居或離異的孩子會希望身邊的人都能開開心心地過日子，而且他們過去所努力的一切都能實現。假如孩子對已離開身邊的父母一方失去信心，此時，他們可能會為了保護自己而與父母一方劃清界線，如此一來，才能預防往後可能出現的絕望與傷害。事實上，父母雙方在離婚後的合作關係及能力，對孩子往後人格的正面發展意義非凡。若父母能順利地將親子與配偶關係區分開來，等於讓「離婚後的家庭生活」邁向康莊大道。

國家圖書館出版品預行編目資料

為什麼我有兩個家？陪孩子走過父母離婚的傷心路／王擎天 編著.-- 初版.--新北市中和區：活泉書坊，2012[民101] 面；公分．--（品味教養07）
ISBN 978-986-271-138-5（平裝）

544.168　　100021144

活泉書坊

為什麼我有兩個家？陪孩子走過父母離婚的傷心路

出 版 者 ■ 活泉書坊
編　　著 ■ 王擎天　　文字編輯 ■ 陳顗如
總 編 輯 ■ 歐綾纖　　美術設計 ■ 蔡億盈
郵撥帳號 ■ 50017206 采舍國際有限公司（郵撥購買，請另付一成郵資）
台灣出版中心 ■ 新北市中和區中山路2段366巷10號10樓
電　　話 ■ (02) 2248-7896　　傳　　真 ■ (02) 2248-7758
物流中心 ■ 新北市中和區中山路2段366巷10號3樓
電　　話 ■ (02) 8245-8786　　傳　　真 ■ (02) 8245-8718
I S B N ■ 978-986-271-138-5
出版年度 ■ 2012年最新版

全球華文市場總代理／采舍國際
地　　址 ■ 新北市中和區中山路2段366巷10號3樓
電　　話 ■ (02) 8245-8786　　傳　　真 ■ (02) 8245-8718

新絲路網路書店
地　　址 ■ 新北市中和區中山路2段366巷10號10樓
網　　址 ■ www.silkbook.com
電　　話 ■ (02) 8245-9896　　傳　　真 ■ (02) 8245-8819

線上總代理 ■ 全球華文聯合出版平台
主題討論區 ■ http://www.silkbook.com/bookclub ◎ 新絲路讀書會
紙本書平台 ■ http://www.silkbook.com ◎ 新絲路網路書店
電子書下載 ■ http://www.book4u.com.tw ◎ 電子書中心（Acrobat Reader）

本書全程採減碳印製流程並使用優質中性紙（Acid & Alkali Free）最符環保需求。

華文自資出版平台
www.book4u.com.tw
elsa@mail.book4u.com.tw
ying0952@mail.book4u.com.tw

全球最大的華文圖書自費出版中心
專業客製化自資出版．發行通路全國最強！